Marietta Bittel & Daniel Frey

Die Welt der Kundalini

Marietta Bittel & Daniel Frey

Die Welt der Kundalini

Auseinandersetzung der Kundalini-Energie in einem neuen Kontext

Die Deutsche Nationalbibliothek verzeichnet diese Publikation in der Deutschen Nationalbibliografie; detaillierte bibliografische Daten sind im Internet über dnb.dnb.de abrufbar. Die Schweizerische Nationalbibliothek (NB) verzeichnet aufgenommene Bücher unter Helveticat.ch und die Österreichische Nationalbibliothek (ÖNB) unter onb.ac.at.

Unsere Bücher werden in namhaften Bibliotheken aufgenommen, darunter an den Universitätsbibliotheken Harvard, Oxford und Princeton.

Marietta Bittel & Daniel Frey:
Die Welt der Kundalini
ISBN: 978-3-03830-841-6

Buchsatz: Danny Lee Lewis, Berlin: dannyleelewis@gmail.com

Paramon® ist ein Imprint der
Europäische Verlagsgesellschaften GmbH
Erscheinungsort: Zug

Sie finden uns im Internet unter: www.paramon.ch

Inhalt

Vorwort

IN DER INTENSIVEN AUSEINANDERSETZUNG MIT DER HEILIGEN ENERGIE, der Kundalini, wuchs in uns der Wunsch, unsere Erkenntnisse zu teilen. Mit diesem Buch folgen wir unserer Bestimmung, das Wissen einem größeren Kreis interessierter Menschen zugänglich zu machen.

Die »Heilige Energie« der Kundalini lässt sich nicht vollständig übersetzen. Mit unserem menschlichen Bewusstsein können wir das Kundalini-Wissen nicht vollumfänglich erfassen, das Erkannte vielleicht erahnen und nicht immer in Worten wiedergeben.

Lange war die Kundalini-Energie ein gut gehütetes und geheimes Wissen, das der Allgemeinheit nicht wirklich zugänglich war.

Kundalini ist ein mystifiziertes Thema mit vielen Geheimnissen, welches mit großartigem und veraltetem Wissen verwoben ist.

In diesem Buch gestalten wir eine neue Ausdrucksweise und wählen eine zeitgemäße Sprache und Methode, um die Kundalini-Energie in unseren alltäglichen Kontext zu bringen.
In diesem Sinne geschieht eine Entmystifizierung.

Es ist nicht unsere Absicht, die Mystik der Kundalini-Energie in eine psychologische Erklärung zu pressen. Unser Ziel ist, Teile dieses Themas von einer nicht alltäglichen Ebene in eine verständliche Ausdrucksform zu übersetzen.

Natürlich wirken dadurch viele Ereignisse sehr viel einfacher und profaner als in den dichterischen und geheimnisvollen Versen.

Wir verfassen unser Wissen in eine zeitlich angepasste Theorie und legen dar, wie die Kundalini-Energie aufgebaut ist. Dies ist ein Arbeitsbuch mit Erklärungen, das aufzeigt, wie wir diese Energie befreien, verstehen und transformieren können. Kann unsere Kundalini-Energie ihren Aufstieg zur Seele gestalten, erhalten wir einen Einblick, eine Antwort auf unsere oft gestellte Frage »Wer bin ich?«.

Das Wissen dieses Buches stammt aus verschiedenen Quellen. Die Basis bilden die Kundalini-Lehren von Swami Chandrasekharanand Sarasvati, nachfolgend Swamiji genannt, sowie mein Kundalini-Wissen aus der vorangehenden Inkarnation als Schamanin in Russland. Dieses alte Wissen durfte sich durch Erfahrungen, Erinnerungen und Erkenntnissen zeigen, wollte verstanden und vertieft werden.

Wir beschreiben den Kundalini-Prozess unseres jetzigen Lebens, die Phänomene und Bewegungen der eigenen Kundalini-Energie. Eine weitere Quelle des Wissens ist die Begegnung, Zusammenarbeit und Beziehung zu meiner Zwillings- und Meisterseele Daniel Frey. Gemeinsam gründeten wir die Schule der Formlosigkeit, an der wir unser Kundalini-Wissen, Fünf-Elemente-Wissen und Chakra-Wissen weitergeben und die Schülerinnen und Schüler in ihren Kundalini-Prozessen begleiten.

Das vorliegende Buch ist hauptsächlich ein psychologisches Instrument, um aufzuzeigen, dass wir Menschen die Möglichkeit haben, uns unserer Blockierungen, Muster und Glaubenssätze bewusst zu werden und sie zu transformieren. Das Wahrnehmen, Bearbeiten und Verstehen der eigenen Kundalini-Phänomene helfen uns, den heiligen Fluss wieder in Bewegung zu bringen.

Wir erkennen und begreifen, wie sich das Kundalini-System in unserem menschlichen Körper verhält. Die Arbeit mit der Kundalini-Energie bedingt die ständige persönliche Weiterentwicklung.

Entwicklungen können nie abgekürzt werden, auch wenn wir uns noch so sehr wünschen, in unserem Prozess schneller voranzuschreiten. Es bedarf der Erfahrung, der Demut, des Mitgefühls und der Transformation, diesen spirituellen Weg zu gehen.

Öffnen wir uns für diesen Transformationsprozess, wird uns die Weisheit des göttlichen Kerns bewusst.

Inhalt des Buches

Das vorliegende Werk ist eine Kombination aus objektivem und subjektivem Wissen.

Unsere Lebensgeschichte wird vorwiegend aus dem Blickwinkel der Kundalini-Energie beschrieben. Dadurch wird die Idee, dieses Buch zu verfassen, spürbar und nachvollziehbar.

Die Einführung zeigt den Weg und die Aufgabe der Kundalini-Energie auf.

Durch das Wissen um die Existenz der ewigen Seele, die jederzeit in Verbindung mit dem Hologramm, unserem menschlichen Dasein, steht, ist die höchste Form der Transformation für uns Menschen die Befreiung, die Erleuchtung oder das Erwachen. Sind wir erwacht, ist unser Alltagsbewusstsein überschritten. Wir erfahren unser Leben in einer dauerhaft verstehenden Form von Hingabe und Demut.

Das Ziel der Transformation ist die Rück-Verbindung zu unserem göttlichen Kern, wodurch wir Menschen als spirituelle Wesen erwachen. Diese unsterbliche und ewig währende Kraft und Weisheit verbergen sich hinter unserem Ego. Wir halten die Weisheit des göttlichen Kerns durch unsere holografischen Muster und Ängste bedeckt.

Die Aufgabe unseres Hier-Seins besteht darin, unseren Lebensweg zu bewältigen, ihn zu verstehen, umzuwandeln und zu transformieren. Kann diese Verwandlung geschehen, erhält die Seele Zugang zu unserem wahren Wesen.

Der Schlüssel liegt im Erkennen, dass der spirituelle Weg niemals endet und wir in jeder Inkarnation mit der Möglichkeit beschenkt werden, so viel Transformationserfahrung wie möglich zu sammeln und über den Tod hinaus mitzunehmen. Wenn uns das bewusst wird, entwickeln wir uns kontinuierlich in die göttliche Dimension hinein und erklimmen unsere spirituelle Lebensleiter.

Es bedingt ein grundlegendes Verständnis davon, wie wir funktionieren, um uns selbst begegnen zu können, und unser selbst bewusst zu werden und unsere Themen zu verwandeln.

Um den Weg der Transformation vom holografischen in den spirituellen Weg zu gestalten, benötigen wir eine Form und eine Vision, welche Ziele wir anstreben wollen.

Wir beschreiben in unserem Buch die fünf Elemente Erde, Metall, Wasser, Holz und Feuer als unser grundlegendes Fundament. Hier sind unsere Blockierungen, Konditionierungen, Glaubenssätze, Muster und ungelösten Traumata verankert.

Diese dürfen erkannt und verstanden werden, um das Bewusstsein unserer Handlungen zu stärken, zu erweitern und als transformierte Energie in unsere Chakren zu leiten.

Die nächste Ebene sind unsere Chakren. Sie sind aus spiritueller Sicht immer offen und rein. Sie warten in Demut, bis wir uns erlauben, in ihre Spiegel hineinzusehen.

Nutzen wir diese Spiegelfunktion, öffnen wir uns für Selbstreflexion und den Blick in den Spiegel der Chakren. Wir erhalten hier die notwendigen Informationen, um unsere spirituelle Entwicklung zu gestalten.

Chakren spiegeln und zeigen die Emotionen, die aus unseren bisherigen Erfahrungen entstanden sind. Die Erfahrung erleben wir auf der Elemente-Ebene, durch die Spiegelung auf der Chakra-Ebene erkennen wir die Gefühle der jeweiligen Thematik. Das gibt uns die Möglichkeit, aus einer anderen Perspektive zu verstehen und zu transformieren.

Die höchste Ebene ist die Kundalini-Energie. Sie ist in ihrer Gesamtheit als »die eine Kundalini-Energie« zu verstehen, die sich jedoch in mehrere Kundalini-Prozesse unterteilt.

Den Elementen und den Chakren zugeordnet, steht die Kundalini-Energie für unterschiedliche Themen und Färbungen, um bestmöglich mit uns Menschen zu arbeiten.

Die bewegende Kundalini-Energie drückt sich oftmals in Form von Phänomenen und schwierigen Ausdrucksweisen aus. Das kann sehr schmerzhaft sein und uns in tiefe psychische und physische Sackgassen hineinkatapultieren.

Die Kundalini-Energie will uns zu erkennen geben, welche Themen anstehen, um sie in Transformation zu bringen. Dadurch bringen wir die Kundalini-Energie in eine heilende Bewegung und sie kann in den Makara-Point aufsteigen.

An wen richtet sich dieses Buch?

Unser Buch soll ein Begleitinstrument für Menschen sein, die sich in einer spirituellen Krise befinden oder ihren persönlichen Transformationsweg weitergehen möchten. Viele werden von den inneren Befindlichkeiten und Phänomenen so stark beansprucht, dass es ihnen vorübergehend schwerfällt, normal im Alltag zu funktionieren. Es gibt unterschiedliche spirituelle Entwicklungen; einige verlaufen sanft, andere können verwirrend und unangenehm sein. Alle sind sie gleichwertig.

Es handelt sich bedingt um die Auflösung psychologischer Muster. In unserer Kindheit haben wir Gefühls- und Gedankenmuster entwickelt, die uns unbewusst wie innere Landkarten durchs Leben navigieren. Diese Verhaltensmuster beeinflussen uns bewusst oder unbewusst so stark, dass wir unser Leben danach ausrichten. Werden diese Muster nicht erkannt und verändert, kann die Kundalini-Energie ihren Aufstieg nicht gestalten.

Diese Transformation findet über das Erkennen, Verstehen und Loslassen der eigenen Muster und Verhaltensweisen statt. Das Bewusstwerden unserer inneren Systeme bringt die Kundalini-Energie in Bewegung. Dieses Erwachen führt uns tiefer in den spirituellen Transformationsprozess hinein.

In diesem Sinne sind alle Menschen, die an einem Entwicklungsprozess interessiert sind, angesprochen. Es ist unser aller Weg. Einige entscheiden sich früher, diesen Weg der spirituellen Transformation zu gehen, andere später. Jeder Mensch hat seine für ihn richtige Zeit.

Wir beide haben unsere persönlichen, spirituellen Krisen erlebt und können ähnliche Prozesse bei anderen Menschen erkennen und verstehen. Wir ehren den Ausdruck dieser spirituellen und mystischen Form. Menschen, die sich in einem Kundalini-Prozess befinden, sind nicht krank, sie gehen ihren spirituellen Weg und wachsen in ihre wahre Größe.

In diesem Bewusstseinsprozess können wir uns selbst reflektieren oder eine außenstehende Person begleitet uns therapeutisch auf diesem Weg.

Lebensprozess

Auf meinem persönlichen spirituellen Weg zeigt sich die enge Verknüpfung meiner jetzigen und vorherigen Inkarnation immer deutlicher. Das Gesamtbild lässt mich meine Themen und Erfahrungen in einem größeren Zusammenhang verstehen. An dieser Stelle erzähle ich die beiden Lebensgeschichten meines Seelenweges und meine jeweiligen Erfahrungen mit der Kundalini-Energie.

Chorwacki

Mein Lebens- und Seelenweg von 1784 bis 1860 beginnt und endet in Russland. Meine Mutter, eine Heilerin, stirbt bei meiner Geburt. Aufgewachsen bin ich bei meinem Vater und etlichen Bären.

Mein Vater und weitere Schamanen des Dorfes beschließen, mich als zweijähriges Mädchen in die Obhut von wilden Bären zu geben. Diese Bäreninitiation dauert mehrere Jahre und wird von den Schamanen genauestens überwacht. Die Bären haben mich nicht abgestoßen, ansonsten hätte dies meinen sicheren Tod bedeutet. Immer wieder heilen die Schamanen meine anfänglichen Verletzungen.

Als Fünfjährige endet meine Bäreninitiation. Anstelle der Bären übernehmen nun mein Vater und weitere Schamanen die Rolle der Lehrenden.

Als mein Vater schwer erkrankt, bin ich zehn Jahre alt. Ich versuche, ihm mit meinem Kräuterwissen zu helfen. Sein Lebensplan sieht keine Heilung vor, er stirbt. Lange sitze ich geschockt neben seinem leblosen Körper. Ich begrabe ihn in einem stehenden Grab, so wie das für Schamanen üblich war und ziehe weiter. Mein Vater hinterlässt mir seine Schamanen-Trommel.

Ich trete die Lebensreise an, auf die mich mein Vater vorbereitet hat. Als Schamanin und Heilerin wandere ich allein von Wolgograd entlang des Urals quer durch Russland. In dieser Wildnis kann ich nur überleben, wenn ich verstehe, wie die innere und äußere Natur funktioniert. Ich lerne den sibirischen Wind kennen, begegne wilden Tieren und mir selbst. Diese Reise dauert dreißig Jahre.
In dieser Zeit entwickle ich mich als Schamanin, als Heilerin und als Lebenskünstlerin in die Dimension der Natur hinein. Diese tiefgreifenden, spirituellen Belehrungen und Erfahrungen bringen mich meiner Bestimmung näher. Mein Name ist Chorwacki.

Im Alter von vierzig Jahren treffe ich in der Nähe von Techora auf einen sesshaften Schamanen. Sein Name ist Chödrom – er ist meine Zwillingsseele. Wir begegnen, arbeiten und lieben uns. Gemeinsam kreieren und entwickeln wir unsere eigenen Methoden und erarbeiten schamanische Heilweisen und Techniken. Mit unserem Wissen über die Kundalini-Energie, Dimensionsreisen und die Natur der fünf Elemente erlangen wir neue Erkenntnisse und Erfahrungen. Die Energie der Region Techora unterstützt uns zusätzlich, große Treffen von Schamanen aus der ganzen Welt finden in dieser Gegend statt.
Nach fünfzehn Jahren gemeinsamer Entwicklung und intensiven Lebens stirbt Chödrom. Ein Verlust, den ich nur schwer verkrafte. Ich bestatte Chödrom, wie bereits meinen Vater, stehend. Trauernd verlasse ich das Dorf.
Meine Wanderschaft führt mich weit in den Norden nach Sibirien. Auf der Suche nach einem Schlafplatz finde ich eines Tages eine Höhle. Sie wird bereits von einer Bärin bewohnt. Als von Bären Initiierte weiß ich, wie ich mit diesen wunderbaren, mir vertrauten Wesen zusammenleben kann. Ich entscheide mich zu bleiben.
Die Bärenhöhle besteht aus vielen verschiedenen Kammern, Verzweigungen und Gängen. Hier finde ich die Ruhe und den Raum, mein gesamtes Wissen aufzuzeichnen und aufzuschreiben. Wissen, das Chödrom und ich während unserer gemeinsamen Zeit erworben, erarbeitet

und gesammelt haben; Wissen, das ich im Laufe meiner Wanderschaft erfahren und gelebt habe.

Die folgenden Jahre widme ich mich der Aufarbeitung dieses großen Wissensschatzes. In Form von Schriften, Skizzen und Zeichnungen bemale ich die Wände der Höhle und lebe mit der Bärin zusammen. Sie wird meine Gefährtin.
1860 sterbe ich in der Höhle, die Bärin begleitet mich. Mein Wissen aus dieser Inkarnation, die Weisheit und die transformierte Erfahrung sammeln sich als reines Kundalini-Wasser in meinem Energiefeld.
Diese transformierte Energie steht bei allen Menschen für Erfahrungen, die in reines Wissen umgewandelt wurden. Diese Energie nimmt die Seele als Geschenk und wichtiges Lebenselixier ins nächste Leben mit.

Larkima
100 Jahre später:
1959 werde ich als Marietta wiedergeboren. Mein heutiger schamanischer Name ist Larkima, was so viel bedeutet wie »die vom Wind Getragene«.
Ich wachse mit zwei älteren Schwestern und zwei jüngeren Brüdern in einem Walliser Bergdorf auf. Meine Mutter und mein Vater sind dieselben Seelen, die ich bereits in meiner letzten Inkarnation als Eltern wählte. Weil meine Mutter in Russland während meiner Geburt verstarb, wähle ich sie auch in dieser Inkarnation, um von ihr zu lernen.

Im Kleinkindalter habe ich einen wiederkehrenden Traum: Meine Eltern sagen mir, dass sie mich über alles lieben und mich freigeben. Träumend weiß ich, dass diese Entscheidung in Liebe gefällt wurde und mich auf meinem Seelenweg unterstützen soll. Im Alltag überkommen mich Gefühle der Angst, die ich nicht einordnen kann. Vielleicht wurde ich unbewusst an die Bäreninitiation meiner letzten Inkarnation erinnert, als ich ebenfalls als Kleinkind freigegeben wurde.

Im Alter von fünf Jahren beginnt diese diffuse, unbegreifliche Angst, dass meine Eltern sterben und mich verlassen. Jede einzelne Nacht, über Jahre hinweg, schleiche ich mehrmals in ihr Zimmer und prüfe, ob sie noch atmen. Diese Angst wird ausgelöst durch die Erinnerungen an den frühen Verlust beider Elternteile und meines geliebten Schamanen in der vorangehenden Inkarnation. Natürlich werden mir viele Zusammenhänge meiner Geschichte erst viel später bewusst.

Zwei Kundalini-Prozesse, Chitrini- und Vajra-Nadi, sind schon während der Schwangerschaft meiner Mutter aktiv. Vajra-Nadi hat ihren Aufstieg zu meiner Seele während dieser Zeit bereits abgeschlossen. Chitrini-Nadi ist in den ersten fünf Jahren aufgestiegen. Dadurch kommunizieren diese beiden Prozesse bereits in meinem Kleinkindalter mit meiner Stirn und meiner Seele. Ihre Energien stehen für die Wurzeln, das Hier-Sein auf der Erde, die innere Heimat und den grundlegenden Boden auf der Erde.

Durch die erwachten Kundalini-Prozesse werden mein erstes und zweites Chakra mit dieser heiligen Energie durchzogen und bearbeitet. Eine Aufgabe, die durch das mitgebrachte Kundalini-Wasser bereits gegeben ist. Die ersten zwei Chakren versinnbildlichen die Themen der Familie und des sozialen Netzes, es sind die grundlegenden Energien, die das Fundament symbolisieren. Bereits als Kind bearbeite und transformiere ich meine Familienthemen fortlaufend.

Vajra-Nadi ist der Weg des Wissens, Chitrini-Nadi der Weg der Transformation. Beide Prozesse schenken mir natürliche Fähigkeiten, die bereits als Kind in mir wirken. Vajra-Nadi, meinem ersten Prozess, verdanke ich meine hellfühligen Kräfte. Ich spüre, ob eine Energie geöffnet, authentisch und einem ehrlichen Ausdruck entspringt, ich kann sie eindeutig identifizieren und unterscheiden. Trete ich in einen Raum, kann ich augenblicklich sehen und fühlen, wer aufrichtige Worte spricht. Es ist die unschuldige, unvoreingenommene Wahrnehmung eines Kindes mit einem erwachten Kundalini-Prozess. Konfrontiere ich die Menschen damit, reagieren sie eigenartig, peinlich berührt. Ich verstehe dieses Verhalten nicht, versuche diese Situationen zu vermeiden. Ich fühle mich fremd und ausgeschlossen.

Teilen ist für mich selbstverständlich, auch den letzten Apfel oder den letzten Kaugummi. Es ist das Wissen um einen Zyklus, das große Ganze, das allen gibt, eine Art des altruistischen Handelns.

Die Erwachsenenwelt staunt über mein Gedächtnis, sagt, es sei außergewöhnlich. Ich kann mir endlose Einkaufslisten merken oder Dutzende Namen exotischer Tiere, obwohl keinerlei Bezug dazu besteht. Ich liebe diese Spiele, es bereitet mir keinerlei Anstrengung. So verbringe ich meine ersten Lebensjahre, ich fühle mich behütet und geliebt.

Meine Einschulung löst viele Ängste aus. Ich fürchte, die Schule nicht zu schaffen, für immer in meinem geliebten Heimatort festzusitzen, mich nicht so entwickeln zu können, wie ich mir das vorstelle. Die Angst, meine Eltern zu verlieren, begleitet mich weiterhin. Trotzdem bin ich ein glückliches und fröhliches Kind. Die Lehrerinnen und Lehrer mögen mich, was mir das Ausharren in den einengenden Strukturen der Schule und Kirche erleichtert. Auch mit den anderen Kindern verstehe ich mich gut und ich durchlebe die Schulzeit ohne irreversible Schäden.
Manchmal bittet mich unser Pfarrer, länger als die anderen Kinder im Religionsunterricht zu bleiben. Wir haben eine spezielle Beziehung, er begegnet mir sehr respektvoll und achtet mich als eine Schülerin, die etwas Spezielles bewirken will. Er sagt, er genieße meine Energie. Dasselbe höre ich auch von meiner Lehrerin. Es scheint, dass ich eine Energie ausstrahle, die für mein Umfeld spürbar ist.

Mein zweiter, aktiver Kundalini-Prozess ist der Chitrini, er schenkt mir das Wissen der fortwährenden Entwicklung.
Als Kind leide ich unter schrecklichem Heimweh. Zugleich spüre ich eine starke Sehnsucht nach dem Fremden und der Ferne, will immer wieder weg von Zuhause. Für meine Familie ist dieser Widerspruch schwer verständlich, bestehe ich doch vehement darauf, die Einladungen von Familienfreunden anzunehmen. Meine Eltern lassen mich gehen und unterstützen meine Entscheidungen. Ich habe ein freies und zugleich

sicheres Familienumfeld. Meine Schulferien verbringe ich oft in Basel, Zürich, Locarno und anderen Orten der Schweiz.

Ich sehne mich nach Weite, Abwechslung und neuen Impulsen. Obwohl ich nicht gut mit dem Heimweh umgehen kann, genieße ich das Neue mit jeder Faser meines Seins.
Intuitiv wünsche ich mir Veränderung, Erweiterung und Entwicklung – ohne jegliche Ahnung von diesem Seelen-Bewusstsein, von diesem Weg. Ich setze alles daran, um in Bewegung und in Entwicklung zu kommen. Die Selbstverständlichkeit, mit der ich mich meinen Ängsten stelle und diese überwinde, ist für meinen Lebensweg zentral.

Die Ablösung von meiner Familie erlebe ich als zwingend notwendig und selbstverständlich. Als Kind bin ich sehr eng mit meiner Familie verbunden, besonders mit meiner Mutter. Ein Teil in mir will nicht von ihrer Seite weichen, ein anderer Teil will sich entwickeln und selbstständig werden.

Die Stimmungen der Menschen, besonders jene außerhalb der Familie, machen mir zu schaffen. Ich bin hochsensibel und nehme sehr viel wahr. Ich kann genau unterscheiden, welche Energien zu mir gehören und welche nicht – und ich sauge sie trotzdem alle auf wie ein Schwamm.
Als sensibles Kind verarbeite ich alle Wahrnehmungen über Emotionen und reagiere auf der Körperebene oft mit Magenschmerzen, Übelkeit und Mittelohrentzündungen. Meine Mutter bringt mich deshalb zum Arzt, der mir eine wunderschön getigerte »Melleril«-Tablette (Psychopharmaka) verabreichen will. Ich kenne dieses Medikament nicht, aber es fühlt sich nicht richtig an. Der Arzt zeigt sich empört, als ich mich weigere, sie einzunehmen. Meine Mutter schaut mich verwundert und fragend an. Ich bleibe dabei, sie steht hinter mir. Das ist eine große Stärke meiner Mutter.

Die Ablösung vom Elternhaus geht weiter. Als Fünfzehnjährige besuche ich ein Internat im Mittelwallis. Mein Heimweh quält mich dermaßen stark, dass ich kaum überleben kann. Ich esse nicht mehr und versinke in eine Art Todeszustand. Es ist ein Leben ohne Lebendigkeit. Es ist mein Todesjahr und ich bin fest davon überzeugt, noch in diesem Jahr zu sterben.

Meine Eltern intervenieren und wollen mich zurück nach Hause holen. Ich wehre mich. Während eines Besuchs daheim beharre ich auf dem Vorschlag meiner Mutter, es ein letztes Mal zu versuchen. Krank und geschwächt reise ich erneut ins Internat. In dieser Woche gelingt mir ein großer Entwicklungsschritt, ich lasse mein Heimweh los. Ich beende mein Schuljahr problemlos und lerne die französische Sprache. Das Gefühl, dass ich sterben werde, bleibt. Ich verharre in lebloser Ohnmacht.

Nach dem Abschluss folgt die nächste Herausforderung: die Berufswahl. Obwohl ich wieder im vertrauten Elternhaus bin, fühlt es sich an, dass alles vorbei und mein Leben bereits verwirkt ist. Eine dämmernde, depressive Schwere überschattet mein Fühlen und Sein. An einem dieser düsteren Tage sitze ich zu Hause auf der Terrasse. Wie aus dem Nichts, für einen kurzen Augenblick nur, blitzt ein grelles Licht in meine Augen, so fordernd und schmerzhaft, dass ich aufspringe. Ich blicke auf meinen Körper, der von diesem Licht durchdrungen ist. Panisch renne ich in die Wohnung, aber die grelle Helligkeit bleibt an meinem Körper haften. Ich erwache wie aus einem tiefen Traum und werde mir bewusst, dass ich gar nicht tot bin.
Genau in diesem Augenblick läuft der Dorfpfarrer an meinem Elternhaus vorbei. Er wollte mir schon einmal helfen, einen Praktikumsplatz zu finden. Diesmal nehme ich sein Angebot an. Ich entscheide mich für einen Berufsvorbereitungskurs in Brig, ein notwendiges Übergangsjahr für die spätere Ausbildung zur Pflegefachfrau.

Mein Einstieg ins Berufsleben ist zugleich mein Wiedereinstieg ins Leben. Während meiner Ausbildung lerne ich meinen zukünftigen Mann kennen. Wir sind fünfzehn Jahre ein Paar, davon sechs Jahre verheiratet. Obwohl wir einiges gemeinsam unternehmen und sehr verliebt sind, bleiben unsere Interessen sehr unterschiedlich. Diese Unterschiede und Suchtthematiken führen zu unserer Trennung. Ich fühle mich befreit.

Meine Idee und meine Vorstellung, wie ich eine Beziehung mit einem Mann führen möchte, erfüllen sich nur teilweise. Ich wünsche mir einen ebenbürtigen Partner, eine Kommunikation, die eine echte Auseinandersetzung erlaubt, einen Dialog, der mit vielen Gefühlen auf einer konstruktiven Ebene stattfinden kann. Ich bin interessiert an einem gegenseitigen Lernprozess. Das erfordert eine Haltung der Transformation von Frau und Mann. Diese Idealvorstellung konnte und wollte ich nie loslassen.

Die Emanzipation ist eine meiner wichtigsten Begleiterinnen im Leben. Dies umfasst die Auseinandersetzung mit der Gleichstellung von Frau und Mann in der Gesellschaft und insbesondere auch die Auseinandersetzung mit der Transformation von den weiblichen und männlichen Aspekten eines jeden Menschen und die daraus resultieren Veränderungen in Beziehungen. Die innere Emanzipation konzentriert sich auf die Transformation und Entwicklung des Menschen.

Ich investiere viel Energie in mein berufliches Wachstum, bin wissensdurstig und bilde mich laufend weiter. Nach Ausbildungen im Bereich der pädagogischen und Erwachsenenbildung lerne ich ein Kunsthandwerk und beginne damit, mich intensiver mit Kunst auseinanderzusetzen.

1998 entdecke ich den Schamanismus. Fasziniert von dieser unbekannten und doch bekannten Welt, begebe ich mich ahnend und auch wissend auf unzählige schamanische Reisen. Diese Erfahrungen und die Idee, auf diesem Weg zu transformieren, inspirieren und absorbieren mich vollständig. Neue Sichtweisen öffnen sich. Ich tauche tiefer in dieses Gebiet ein und bilde mich bei verschiedenen Lehrerinnen und Lehrern weiter.

Nach einer intensiven schamanischen Reise frage ich mich, was die Metapher, das Geheimnis der Sphinx, bedeutet. Ich tauche in diese Sphinx-Energie ein und sehe zwei große Augen. Mein Blick verharrt in dieser geheimnisvollen Tiefe. Ich gerate in einen Sog und werde in ein schwarzes Loch hineingezogen. Ich spüre, wie dieses Loch eine Öffnung in mein Becken reißt. Mein Bewusstsein entgleitet, ich bleibe ohnmächtig im Bett liegen. Viele Stunden verweile ich in anderen Dimensionen, werde weggetragen und tauche in einen mir nicht bekannten Zustand. Dieses Ereignis fordert meine Kundalini-Energie heraus und bringt diese Energie in Bewegung. Mein Alltag, mein Leben verändert sich und vieles bricht zusammen wie ein Kartenhaus.

Es folgen Monate mit unzähligen schlaflosen Nächten, begleitet von Todesängsten, Panikattacken und Isolation. Mein Körper scheint mir fremd, nachts durchziehen ihn elektrische Schläge, er zittert und brennt. Es kostet mich viel Energie, die Verbindung zu dieser körperlichen Hülle aufrechtzuerhalten. Nach dem sexuellen Höhepunkt benötige ich beispielsweise mehrere Stunden, um mein gewohntes Körpergefühl wiederzuerlangen.

Sehr schwierig sind diese Bilder und Erfahrungen bei geschlossenen Augen, vorwiegend nachts. Die Meere brechen über mich herein, ich versinke ins tiefe Schwarz. Und in Feuer, so viel Feuer, wie inmitten eines ausgewachsenen Buschbrands. Es schwemmt mich weg, es verbrennt mich und zieht mich in Untiefen. Ich erbreche und habe Schwindelanfälle.

Meine Zitteranfälle sind so stark, dass ich nichts mehr in der Hand halten kann. Ich bin nicht mehr fähig, zu lesen oder eine Zigarette zu drehen, kann nur noch dasitzen. Ich bin vollkommen »aus den Fugen geraten«.

Niemand kann nachvollziehen, was mit mir und in mir geschieht, am allerwenigsten ich selbst. Wissen über Phänomene, über Kundalini, erlange ich erst viel später.

Ein Freund, er hat keine Ahnung von diesen Dingen, bemerkte ganz nebenbei, dass in der Bibel diese Feuergeschichte ebenfalls beschrieben wird. Er schenkt mir eine Postkarte von Elia von Horeb. Diese Karte begleitet mich einige Jahre und gibt mir sehr viel Kraft.

Verzweiflung und Einsamkeit sind allgegenwärtig. Langjährige, intensive Beziehungen brechen zusammen. Durch meine körperliche Schwäche und meine Zustände kann ich meine sportlichen Tätigkeiten, wie das Touren und Klettern in den Bergen, nicht mehr ausüben. Alles bricht ein und fällt in sich zusammen. Ich verliere allmählich mein gesamtes soziales Umfeld. Nur ein paar wenige Leute und eine sehr enge Freundin stehen weiterhin zu mir.

Während einer Ferienwoche, ich esse gerade zu Hause am Tisch, breitet sich ein Beben in meinem ganzen Körper aus. Ich falle in ein riesiges Loch, alles ist schwarz, ich verfalle in eine Art Trance. Irgendwie schaffe ich es auf allen vieren kriechend ins Bett. Dort bleibe ich einige Tage liegen. Die Energie reicht nur noch für das Allernötigste, auf die Toilette gehen und Wasser trinken. Ich kann mich kaum bewegen.

Umgeben von Dunkelheit, liege ich reglos im Bett. Das Telefon lasse ich klingeln, ich habe keine Angst und bin in einer Art Bewegungsunfähigkeit gefangen. Dieser Zustand dauert vier bis fünf Tage. Rückenschmerzen quälen mich, doch bin ich inzwischen so geschwächt, dass ich kaum aufzustehen vermag.

Vor meinem geistigen Auge öffnen sich verschiedene Räume, Lichter tauchen auf. Wie selbstverständlich ziehe ich eines dieser Lichter in mein drittes Auge, ein direkter Brennpunkt entsteht in meinem unteren Rücken. Es zischt und kurze Zeit später ist der Schmerz weg. Es ist unglaublich. Abgeschwächt flammt er erneut auf. Ich wiederhole denselben Prozess noch einmal. Heilung und tiefe Glückseligkeit erfassen mich, es ist unbeschreiblich. Ich kann aufstehen, fühle mich noch geschwächt, aber der Schmerz ist verschwunden. Ich fühle mich neugeboren, eine Form des Umbaus ist geschehen. Mein Körpergefühl kehrt zurück, nach Tagen verspüre ich erstmals Hunger.

Ich bin fünfundvierzig Jahre alt und seit fünfzehn Jahren arbeite ich in einer sozialen Institution, leite die Weberei und das Erwachsenenbildungsangebot, das ich aufgebaut habe. Mir gefällt meine Arbeit und doch weiß ich seit einiger Zeit, dass dieser Lebensabschnitt vorbei ist. Wohin mein Weg führt oder wie er aussehen soll, davon habe ich keine Vorstellung.

Meine Wohnung ist Treffpunkt vieler Menschen, Freunde und Bekannte, sie gehen ein und aus. Zahlreiche Projekte und lebhafte Diskussionen werden in einem sehr kreativen Umfeld bearbeitet und geführt.
Ohne zu wissen, wann ich vom Wallis wegziehen werde, nehme ich die vielen Bilder von den Wänden. Die Wände, seit Jahren nicht gestrichen, starren mich jetzt an. Sie sind nahezu schwarz und erzählen von unzähligen langen zigarettenrauchenden Nächten; leere Gemälde aus Rändern, sie erinnern mich an eine Höhle. Meine wunderschöne Wohnung verliert an Glanz, ich bewege mich darin wie in einem Zwischenlager.

Ich lerne eine deutsche Tanzlehrerin kennen und besuche ihren Ausbildungskursus »Emotional Dance Process«. Als ich ihr meine Phänomene beschreibe, meint sie, dass ich in einem Kundalini-Prozess stecke, und gibt mir die Adresse ihres Lehrers in Indien. Ein unglaubliches Geschenk.

Endlich scheine ich einen Menschen gefunden zu haben, der mir vielleicht helfen kann, Orientierung in meine tiefste innere Verwirrung zu bringen. Ich kontaktiere diesen Meister umgehend, seine Stimme tönt sympathisch. Er will meine Biografie lesen, um zu beurteilen, wie meine Kundalini-Energie arbeitet.

Wie in Trance schreibe ich meine körperliche, psychische und spirituelle Geschichte auf. Ich versuche meinen Zustand zu beschreiben, dabei entstehen viele wichtige Prozesse. Meine Biografie habe ich schon mehrmals niedergeschrieben – doch diesmal ist es ganz anders.

Mein Herz öffnet sich, mein Herz rast, mein Herz springt zur Decke und schlägt auf meinen Kopf. Mein Herz ist Watte, mein Herz ist aus weichen Federn. Der Tod lauert überall. Die Angst vor dem Tod ist das eine; die Angst, verrückt zu werden, das andere. Damit kann ich noch schlechter umgehen.

Nachdem ich meine Biografie nach Indien geschickt habe, beginnt das Warten. Es dauert acht lange Monate, bis ich eine Antwort erhalte. Doch es hat sich gelohnt, der Meister lädt mich nach Indien ein. Es folgen weitere Monate des Wartens. Eine schier endlose Zeit, in der ich mich immer am Rande eines Abgrundes befinde.

Während eines schamanischen Seminars verbrenne ich alles Alte in einem riesigen Feuer und lade ein, was neu kommen darf. Unerwartet packt mich eine Bewegung innerhalb des Körpers, sie dreht und bewegt mich wie eine Schraube. Erschrocken laufe ich während des Feuerrituals in den nahen Wald und lege mich hin.

Inzwischen hat mich die Panik vollkommen im Griff. Viele Situationen meines Lebens laufen vor meinem geistigen Auge ab. Es ist, als ob mein bisheriges Leben an mir vorbeizieht. Ich kann meinen weiteren Weg sehen; ebenso, was definitiv vorbei ist. Als ich mitten in der Nacht in mein Zimmer zurückkehre, weiß ich, es wird sich sehr viel verändern.

Zwei Tage später kündige ich meine Arbeit. Es fällt mir schwer, all diese wunderbaren Menschen zu verlassen, mit denen ich seit Jahren zusammengearbeitet und meine Freizeit verbracht habe. Von ihnen habe ich das Nehmen und Geben gelernt.

Während der nächsten drei Monate bereite ich mein neues Leben, meine neue Freiheit, meine spirituelle Reise vor. Ich werde mein gewohntes Umfeld im Wallis verlassen und Zeit in der Wüste Marokkos, in Basel, Irland und Indien verbringen.

Eine sehr turbulente und hochemotionale Zeit bricht an. Ich löse meine Wohnung auf, verabschiede mich von Menschen, lagere meine Möbel ein und wohne bei meiner Freundin in Basel. Mein vorläufiges Zuhause für die nächsten anderthalb Jahre. Ich freue mich über diese Möglichkeit, in Basel zu leben, in einem eigenen kleinen Zimmer. Meine wenigen Habseligkeiten sind in einer großen Kartonschachtel verstaut. Ich fühle mich frei, obwohl mich meine Todesängste immer noch quälen.

Dann folgt Marokko. Ich nehme an einem Wüstenseminar mit dem Schamanen Carlo Zumstein teil, eine sehr reiche Zeit. Meine Erfahrungen erlebe ich als sehr bedeutungsvoll und wegweisend, ich beginne mit allem Geistigen zu kommunizieren. Die Nächte verbringe ich immer im Freien, der Himmel ist von unglaublicher Schönheit. Die Zwischenräume des Himmels faszinieren mich, ich nehme mit verschiedenen Lebewesen Kontakt auf. Ich spüre, dass mein Energiefeld viel zu offen und ausgedehnt ist.

Nach dieser dreiwöchigen Wüstenerfahrung stehe ich völlig neben meinem Energiefeld in totaler Verwirrung. Ich habe erneut mein Körpergefühl verloren, fühle mich zerstreut und energetisch in verschiedene Räume aufgeteilt. Ein Leidensweg voller Angst und Hilflosigkeit beginnt. Eine Panikattacke folgt der nächsten. Alltägliche Dinge wie Einkaufen sind nicht mehr möglich. Meine Beine, ja ganze Körperteile, fliegen davon. Ich habe jeglichen Bezug zur Erde verloren. Mein Referenzsystem der Bodenhaftung ist ausgeschaltet. Ich verliere sehr viel Gewicht, glaube, eine Feder zu sein – oder nur noch ein Schatten.

Das Zusammenleben mit Menschen wird immer schwieriger. Ich übernehme von anderen augenblicklich und ungefiltert jedes Gefühl. Sitze ich in einem Restaurant und ein Mensch ist traurig oder depressiv, ergreifen diese Emotionen auch mich. Bis ich das realisiere, vergehen einige Tage. Ich fühle mich depressiv und krank.

Während eines Seminars verliebt sich ein Mann in mich. Als ich ihm signalisiere, dass ich kein Interesse habe, macht er energetisch Jagd auf mich. Er greift mich jede Nacht an. Mein Energiefeld ist viel zu offen, ich habe keine Grenzen und keinen Schutz mehr. Ich fühle mich wie in einem Horrorfilm gefangen, bin die unfreiwillige Hauptdarstellerin. In dieser Zeit entwickle ich eine sehr effiziente, aber kräfteraubende Methode, um mich zu schützen. Ich ziehe mich noch mehr zurück, meide den Kontakt zu Menschen.

Meine Energie wird immer stärker. Wenn ich meine Freundin umarme, erhält sie einen Energieschub, der sie beinahe zu Boden wirft. Das ist ein sehr unangenehmes Gefühl. Ich fürchte mich, abends ins Bett zu gehen. Jede Nacht wiederholen sich die gleichen oder ähnliche Geschichten. Mein Energiefeld dehnt sich viel zu stark aus, ich verliere mich im Universum, bin nicht mehr existent.

Diese enorme Ausdehnung führt dazu, dass meine gesamten Körperteile energetisch wegfliegen und ich nur noch eines meiner Augen wahrnehmen kann oder einzig die zuvor gegessenen Spaghetti im Magen. Ich dehne mich aus, bis zum Mond, bin unfähig zurückzukehren, stundenlang. Ich nehme mich als riesige, schwere Blase wahr, obwohl ich zu dieser Zeit sehr dünn bin.
Diese Erfahrungen bringen mich an den Rand meiner physischen, psychischen und spirituellen Kräfte. Verlorenheit, Hoffnungslosigkeit und Todesangst nagen und zehren an mir.

Nach einer erneut schwierigen Nacht wache ich auf und meine, tot zu sein. Dann höre ich eine Stimme, die sagt: »Du bist auserwählt.« Sie ist so laut, präsent und deutlich, dass ich keine Sekunde daran zweifle, sie tatsächlich zu hören. An meiner Seite ist eine Wesenheit, so stark spürbar, dass ich liegen bleibe, mit der Gewissheit, dass mich die geistige Welt doch nicht vergessen hat und nun endlich Kontakt aufnimmt. Stundenlang bleibe ich in dieser Energie liegen und lasse mich von ihr auffüllen, vielleicht auch trösten. Nach dieser Erfahrung erlebe ich keine derartig starken Phänomene mehr.

Schwindel, Leere, laufende Spinnen, Orientierungsschwierigkeiten und depressive Verstimmungen bleiben weiterhin präsent und sind schwierig auszuhalten. Doch die Nacht, in der ich die Stimme aus der geistigen Welt hörte, bringt eine neue Dimension in mein Leben.

Mein Körper benötigt die Verbindung mit der Erde. Ich finde eine Beschäftigung auf einem Bauernhof bei zwei älteren, wunderbaren Menschen. Sie kennen mich nicht und stellen auch keine Fragen, wir arbeiten gemeinsam. Die Arbeit auf dem Feld hilft mir, den Boden besser wahrzunehmen und meine Energie zu erden. Der Kontakt mit der Erde und den Blumen lässt mich wieder Freude spüren. Das hilft mir sehr. Ein neuer Naturwind, eine neue Lebensenergie durchströmen meinen ganzen Körper.

Ich bereite mich auf Irland vor. In einem dreimonatigen Sommerkurs will ich meine Englischkenntnisse verbessern, damit ich mit Swamiji, dem indischen Lehrer, kommunizieren kann. Eine Voraussetzung, um nach Indien zu reisen. Ich lese zuvor das Buch von Joan Harrigan, der Schülerin und Nachfolgerin von Swamiji.

In Irland bin ich mit fünfundvierzig Jahren die älteste Teilnehmerin des Sprachkurses. Ich wohne in einem Studentenheim. Es entstehen skurrile Situationen und auch wunderschöne Erfahrungen.

Niemand kennt mich hier. Ich habe kein Profil, keine Vergangenheit, keine Freunde, keine Rolle, bin eine Fremde ohne Gesicht, die unter hundert Chinesen, Koreanerinnen, Deutschen und ein paar Schweizerinnen Englisch lernt. Eine gewollte, schmerzhafte, verrückte, verschobene Situation, ich fühle mich sehr allein. Als wir uns während des Kurses kurz vorstellen sollen, meint mein Lehrer ganz unerwartet, dass da jemand mit einem bewegten Leben sei. Das berührt mich tief, für einen Augenblick nimmt mich jemand als Mensch mit einer Geschichte wahr. Ich selbst fühle mich ohne Geschichte, orientierungslos und depressiv. Zeitgleich ist da eine wunderschöne Neugierde. Ich sinke ein in die Weite, mein Blick ausgerichtet auf das Meer, in so schönem Türkis, wie ich es zuvor noch nie gesehen habe. Unzählige Stunden verbringe ich sitzend, in den Weiten des Meeres verloren, umgeben von dieser wunderschönen Natur. Ich sinke in die unsägliche Urnatur Irlands ein.

Mein Gefühl der Bodenlosigkeit und meine Angst, dass sich mein Körper erneut auflöst und schwindet, motivieren mich dazu, deutlich mehr zu essen. Ich nehme wieder an Gewicht zu, glaube, mich dadurch genügend in der Erde zu verankern, um in dieser Welt fortbestehen zu können. Tiefe, depressive und emotionslose Zustände wechseln sich ab.

Die Angst vor diesen diffusen, körperlichen Prozessen verhindert, dass ich schamanisch reise oder meditiere. Stundenlang starre ich in das türkisfarbene Wasser, bin die meiste Zeit allein. Das ist meine Meditation. Halt finde ich in den Telefongesprächen, die ich alle zwei Wochen mit meinem Freund führe. Und im Briefkontakt mit meiner Freundin.

Dann, endlich, erhalte ich einen handgeschriebenen Brief von Swamiji. Vor lauter Aufregung kann ich ihn kaum öffnen und lesen. Swamiji lädt mich im Dezember 2004 für sechs Wochen in seinen Aschram nach Indien ein. Ich laufe am Quai entlang und will nur noch schreien, weinen und lachen. Mein Lebensmut kehrt zurück. Ich schöpfe neue Hoffnung, dass sich nun alles zum Guten wenden wird. In diesen Tagen meldet sich auch ein Käufer, der mein Häuschen im Wallis kaufen will. Ein Prozess, der fünf Jahre gedauert hat. Meine finanzielle Situation ist gesichert.

Ich verliebe mich in meinen Englischlehrer. Wir haben dieselbe Energie, das irritiert uns beide. Stehen wir nebeneinander, kann ich nicht mehr zwischen seinem und meinem Energiefeld unterscheiden. Wenn wir uns ansehen, fallen wir in eine unsägliche wunderschöne Tiefe und versinken ineinander. Auch wenn es nie zu einem privaten Treffen kommt, tauche ich in diese Schmetterlingsenergie ein, genieße dieses Gefühl der Verliebtheit und Leichtigkeit. Bereits die Gewissheit, dass es ihn gibt, hilft mir, nicht in diesen unheimlichen depressiven Zuständen zu ersticken. Unser Abschied ist kurz und schmerzvoll, wir winken einander zu und weinen.

Mit Liebeskummer reise ich weiter durch Irland. Später erfahre ich von der geistigen Welt, dass mein Lehrer meine Dualseele ist. Eine Dualseele ist eine holografische Begleitung mit derselben Schwingung. Seine Energie ist nahezu identisch mit meiner. Dadurch entsteht dieser Gleichklang. Meine Reise dauert zwei Monate, planlos erkunde ich dieses Land, es ist wunderschön.

Zurück in Basel bereite ich mich auf Indien vor, einen völlig neuen Lebensabschnitt. Obwohl die anstehende Reise Ängste in mir auslöst, habe ich die Gewissheit, dass es der absolut einzige und richtige Weg ist.

Seit Monaten träume ich von Swamiji, von Rishikesh, alles ist in Aufruhr. Ich werde zwischen Feuersbrünsten und Wassergewalten hin- und hergerissen.

Einen Tag vor meiner Abreise habe ich einen Traum, der mich noch lange quälen wird. Im Traum werde ich aufgefordert, in die Hölle zu gehen. Dort soll ich mich nackt ausziehen, kämpfen, abtauchen und dieser Aussichtslosigkeit standhalten. Ein Rad, das sich immerwährend dreht und nie zum Stillstand kommt. Anschließend fliege ich in den Himmel und die hellen Mächte, Engel und Geistführer begegnen mir. Helle Lichter und Erlebnisse bringen mich in einen Zustand der bedingungslosen Liebe. Dieser Traum hat sich in meinen Körper eingebrannt, er hat mich enorme Kraft gekostet.

Im Flugzeug nach Delhi spüre ich bereits die Energie von Swamiji, das Gesicht eines Mannes neben meinem. Er sieht so real aus, ich kann ihn riechen, er atmet in mein Gesicht, ich fühle seine Begleitung. Diese Energie löst sich erst auf, als ich Swamiji am Flughafen begegne. Ich empfinde eine unendliche Dankbarkeit, als ich ihn sehe und weiß, dass ich ihm vertrauen kann.

Zu Beginn meines Aufenthaltes in Rishikesh wohne ich mit Swamiji zwei Wochen allein, eine sehr spezielle Situation. Meine Englischkenntnisse sind begrenzt, er spricht Hindi-Englisch. Durch die mehrmaligen Indienreisen mit meinem früheren Mann kenne ich das Land ein wenig. Ich weiß, wie es riecht, wie es sich anfühlt, wie es mich damals zutiefst verunsichert hat und wie ich es lieben und kennengelernt habe. Das Wissen um diese Erfahrungen hilft mir, meinen instabilen Zustand zu ertragen. Die Strapazen und tiefen Verunsicherungen der vergangenen Monate, die Angst, dass Geist und Seele krank werden, sind tief eingebrannt. Swamiji erkennt es.

Nach der ersten Sitzung habe ich die Gewissheit, dass der Kundalini-Prozess Sarasvati-Nadi in Bewegung ist. Swamiji meint, dass ich Glück hatte, nicht in eine Psychose hineinzugleiten. Er hilft mir durch gezielte Yogaübungen und Gespräche, die Kundalini-Energie in die richtigen Bahnen zu leiten.

Swamiji übergibt mir nach ein paar Tagen einen eigenen Wohnungsschlüssel. Er sagt, dass man mich nicht einsperren könne. Das ist wundervoll, diese Freiheit ist mir unendlich wichtig. Die Träume fließen und die Türen öffnen sich.

Täglich praktiziere ich acht Stunden Yoga, die Dehnungen schmerzen. Trotzdem genieße ich diese Zeit der Übungen, ich bin ruhig. Ich verstehe, dass mich diese Rituale auffordern, mich nicht mehr so sehr an Ängste und Phänomene anzubinden.
Die begleitenden Schmerzen machen mir zu schaffen. Die Nächte sind lang, schmerzhaft und schlaflos. Ich genieße die außerordentlichen Gespräche, die Präsenz von Swamiji und seine Belehrungen. Zu Beginn habe ich Angst, dass er alle meine Gedanken lesen kann, ein sehr unangenehmes Gefühl. Ich frage ihn danach, er lacht lauthals und klopft auf seine Oberschenkel. Danach ist es mir egal.

Mein Prozess zeigt sich oft in meinen Träumen. Swamiji ist ein Meister des Deutens der Zusammenhänge. Meistens ist er in meinen Träumen aktiv dabei und hilft mir bei etlichen Entrümpelungen, weiht mich mit seinen Belehrungen in tiefes Wissen der Kundalini-Energie ein. Er zeigt sich in meinen Träumen in Begleitung einer Schlange.
Einmal träume ich, dass wir uns in einem Tempel befinden. Er lehrt mich Sanskrit und die Wege der Kundalini-Energie. Zuvor hilft er mir, viele Türen eines Schlosses zu öffnen und alle Räume zu leeren. Ich träume von Schamanen im Tibet, werde in schamanisches Wissen eingeweiht und angewiesen, einen inneren Lebenstanz zu inszenieren und weiterzugeben.

Swamiji und ich führen viele Diskussionen über den Unterschied von Schamanismus und dem spirituellen Yoga-Weg. Ein Fazit daraus: Schamanismus soll gelebt werden, zu einer Lebenshaltung reifen und darf nicht zu einem Instrument verkommen.

Das Entdecken von übernatürlichen Kräften ist nur eine vorübergehende Erscheinungsform, kein wahrhaftes Ziel. Wenn das Wesen nicht auf das vollkommene Erwachen des Bewusstseins ausgerichtet ist, bleibt der Mensch in Fähigkeiten, wie etwa der Hellsichtigkeit, stecken und ist dadurch nicht mehr an der endgültigen Transformation interessiert.

Meine Rituale sind schamanische Reisen, das Malen, das Träumen, Yoga und Meditation. Sorgfältig analysiert Swamiji meinen Malprozess. Ich öffne mich immer mehr, meine Angst zeigt sich immer weniger.

Feiern die Inder ihre Feste in der Nacht, ist dies unüberhörbar. In einer dieser lauten Nächte – im Außen feiern die Inder, in meinem Innern brennt mein Energiefeld – gleite ich in einen Traum: Ich trete in eine wunderschöne, erleuchtete Halle ein und entdecke auf dem Boden liegend eine uralte Metallscheibe. In ihrem Zentrum befindet sich eine Öffnung, daraus erstrahlt ein helles Licht. Ich gehe auf die Scheibe zu. Sie hebt sich und beleuchtet mein Stirn-Chakra. Lang gezogene Lichtspuren dehnen sich in meinem Kopf und Körper aus. Ich bin im Makara angelangt, dem Punkt oberhalb des Stirn-Chakras. Es ist ein wunderschönes Gefühl.

Zu Swamiji spüre ich eine starke Verbindung, wir sind uns energetisch sehr nahe. Wir erkennen uns aus früheren Inkarnationen, wir waren abwechslungsweise Schüler(in) und Lehrer(in). In dieser Zeit wird mir vieles bewusst und trotzdem traue ich meiner Wahrnehmung noch nicht ganz.

Meine Ängste und energetisch schwierigen, unkontrollierbaren Zustände kann ich bei Swamiji beinahe vollständig transformieren. Erleichterung und ein tiefer innerer Frieden begleiten mich zurück in die Schweiz.

2005 ziehe ich von Basel nach Köniz. Während einer Meditation wurde mir bewusst, dass dies mein neues Zuhause wird.

Ich folge meinem lang ersehnten Ziel, eine schamanische Praxis aufzubauen. Der erfolgreiche Hausverkauf ermöglicht mir den Start in diesen neuen Lebens- und Schaffensabschnitt. In Köniz bin ich fremd, habe keine sozialen Kontakte, keine bekannten Strukturen, auf die ich zurückgreifen kann. Das Neue beginnt.
Neuanfänge sind fordernd und rätselhaft. Ich bin wieder im Arbeitsprozess, ohne Arbeit und mit einigen Existenzängsten.

Ich schaffe mir eigene Strukturen, stehe morgens früh auf und renne zum Telefon, wenn es klingelt. Der Gedanke beruhigt mich, dass für den Moment finanziell gesorgt ist. Gut ausgebildet bin ich und finde notfalls eine Arbeit. Meine Energie will ich uneingeschränkt meiner Praxis widmen.

Nach einigen einsamen Wochen treffe ich eine alte Freundin wieder. Sie lädt mich zu einem Abendessen ein, will mich mit ein paar ihrer Freunde bekannt machen. Ich freue mich sehr über diese Einladung.

Einige Tage später begegne ich bei einem Spaziergang einem Mann und einer Frau. Ich meine, den Mann schon einmal gesehen zu haben, zugleich erscheint er mir unbekannt, seltsam und beklemmend. Eine unwirkliche Situation. Unsere Blicke verfehlen einander nicht. Wenige Minuten später sehe ich meine Freundin und ihren Freund wieder. Sie klärt mich auf, dass dieser Mann Daniel heißt und mit seiner Partnerin ebenfalls zum Abendtisch eingeladen ist.

Beim Abendessen begegne ich Daniel wieder. Ich spüre, dass wir uns kennen. Eine bekannte Vertrautheit, zwei alte Freunde, die sich wiedersehen. Ich kenne mein Gegenüber und kenne es dennoch nicht, parallele Empfindungen auf verschiedenen Ebenen. Dieser Mann ist mir vertraut, in dieser Realität begegne ich ihm jedoch das erste Mal.

Als sich die Runde des Abendtisches langsam auflöst, bleiben Daniel und ich noch sitzen und reden. Plötzlich vermischen sich unsere Energien, beginnen, sich in einen gemeinsamen Kreislauf hineinzubewegen. Unsere Energien fließen identisch und verschmelzen. Es ist nicht mehr erkennbar, ob es die Energie von einem oder zwei Menschen ist. Bin ich Daniel oder ist er mich? Eine gefühlte Ewigkeit hält dieser faszinierende und zugleich beängstigende Zustand an. Gelähmt sitzen wir schweigend beisammen, spüren die Tiefe unserer Verbindung. Etwas Außergewöhnliches geschieht. Ich wage es nicht zu interpretieren oder zu definieren und schon gar nicht anzusprechen. Verwirrt und fluchtartig verabschieden wir uns. Daniel stürmt davon.

Dies ist der Beginn einer Beziehung, die erkannt und verstanden werden will. Unsere Energiefelder lassen sich nicht trennen, vermischen sich. Und dennoch bleibt diese Nähe unverständlich.
Ein intensiver Austausch entsteht, wir führen stundenlange Gespräche, meditieren gemeinsam und begeben uns auf schamanische Reisen. Unser Weg, unser Prozess des Wiedererkennens, des Verstehens, der Bewegung und des Wissens beginnt. Wir haben uns schon lange gesucht und endlich gefunden. Rückblickend ist es ist dieselbe Erfahrung wie einst in Russland, als wir uns in Techora begegnet sind.
Die gemeinsame Arbeit aktiviert und bewegt unsere Kundalini-Energien. Sehen wir uns einige Tage nicht, ist unser Zusammentreffen sehr energiegeladen.
Die Schwingungen unserer Blicke und Energien stellen meine Welt komplett auf den Kopf. Es benötigt seine Zeit, bis ich mich wieder verwurzelt fühle. Diese Begegnungen erlebe ich jeweils wie einen Drogenrausch.

2006 kehre ich nochmals zu Swamiji nach Indien zurück. Der zweite Aufenthalt ist gefüllt mit Belehrungen und Unterweisungen. Eine intensive Zeit, in der klar wird, dass sich unsere Wege wieder begegnen werden, vielleicht nicht physisch, aber in einer neuen energetischen Form.

Swamiji hat mich vieles über die Kundalini-Energie und mich gelehrt. Er ist ein großartiger Meister. Meine Kundalini-Energie fließt nun in den vorgesehenen Kanälen und arbeitet unaufhörlich mit und an mir.

Daniel und ich vereinbaren, dass ich ihn mit meiner Kundalini-Erfahrung begleite. Ich erarbeite Rituale und erteile Aufgaben, die er zeichnerisch und darstellerisch umsetzt. Wir bearbeiten unsere Themen und arbeiten mit allen Transformationssystemen, die wir kennen. Es entsteht eine Zusammenarbeit, bei der einmal ich leite, dann wiederum er. Machtkämpfe entstehen, Themen zeigen sich. Wir sind beide Menschen, die darauf bedacht sind, ihre Autorität, ihre Lebenserfahrung, ihre Macht, ihr Ego und ihre Ideen zu vertreten und zu leben.

In der Anfangszeit sind wir gefordert, uns gegenseitig Raum zu geben und uns auf einer Weise zu begegnen, die beiden erlaubt, die eigenen

Fähigkeiten einzubringen und weiterzuentwickeln. Wir wollen sowohl unsere eigenen Ressourcen leben wie auch die dritte große Ressource, die durch unsere Verbindung entsteht. Es ist der Zauber, der aus eins und eins etwas Drittes entstehen lässt. Das benötigt Wissen, Toleranz, Akzeptanz, Selbstbewusstsein und Liebe.

Wir entdecken Ähnlichkeiten in unseren Biografien. Daniel wird als Fünfjähriger ebenfalls von seiner Familie freigegeben. Ebenso erfährt er bereits als Kind sehr starke Kundalini-Phänomene. Er erleidet undefinierbare Zusammenbrüche und Bewusstlosigkeit, die mehrere Tage andauern. Er wird hospitalisiert, um diese unbekannte Krankheit abzuklären, ohne medizinische Befunde.
Als Jugendlicher sucht er an unterschiedlichsten Orten nach spirituellen Erfahrungen. Einmal, während einer Gruppenmeditation, schleudert ihn seine Kundalini-Energie durch den Raum. Die Teilnehmenden sind geschockt, er bleibt liegen. Die Anwesenden versuchen, Erklärungen zu finden. Dies war Daniels letzter Besuch bei dieser Gruppe, er zieht sich zurück, fühlt sich unverstanden und alleingelassen.

Als Kind hat er einen aktiven Kundalini-Prozess, den Vajra-Nadi. Auch der Sarasvati-Nadi ist aktiv und steht in Verbindung mit seiner Seelen-Energie. Daniels damalige Lebensform verhindert, dass er die Kundalini-Energie im Makara-Point halten kann. Erst als junger Erwachsener kann er die Kundalini-Energie endgültig mit der Seele verbinden.

Unsere Zusammenarbeit bleibt intensiv. Wir finden heraus, dass wir uns bereits früher zweimal in meinem Heimatort begegnet sind. Wir waren noch Kinder oder Jugendliche.

Daniel wusste, dass er seine Meisterseele, also mich, treffen wird. Mehrere hellsichtige Frauen und Männer versuchten, ihm dies mitzuteilen. Er stellte sich jeweils taub, versank spirituell in einen langen Schlaf. Unsere Begegnung auf einem Friedhof in Köniz, er liegt direkt an einem Wanderweg, weckt ihn wieder auf und er erinnert sich an jene Aussagen – ein riesiger Schock.

Je intensiver wir arbeiten, desto stärker werden Daniels Phänomene. Sein Chitrini-Prozess löst heftige Energieströme aus.
Eines Abends, sitzend am Tisch, wird Daniel plötzlich drei Meter durch den Raum geschleudert. Es kracht, als ob der ganze Raum zusammenbricht. Daniel zuckt und bewegt sich ruckartig, es sieht aus wie ein epileptischer Anfall. Wir sind geschockt, müssen uns erst noch bewusst werden, was eben geschehen ist. Eine unwirkliche, skurrile Situation.
Diese Energiezustände wiederholen sich noch einige Male. Daniel ist anschließend während mehrerer Stunden nicht ansprechbar. Während ich seine Füße halte, diene ich ihm als energetischen Anker, damit er nicht entschwindet. Ich verbinde mich mit den Geistführern, bitte darum, dass sie ihn beschützen mögen. Die Angst, dass er stirbt, bedrängt mich. Gemeinsam gehen wir durch diesen sehr steinigen Prozess. Ich fühle mich in die Zeit meiner eigenen, unberechenbaren Prozesse zurückversetzt.

Daniels Energie beruhigt sich allmählich und Chitrini-Nadi kann seiner Wege gehen. Weitere Phänomene, wie das Gefühl von Spinnennetzen auf dem Kopf und Zustände der unvorstellbaren Ausdehnung, folgen dem weiteren Kundalini-Prozess. Wir arbeiten fortwährend weiter und werden mit immer neuen Aufgaben, Schritten und Initiationen betraut. Viele Rituale unterstützen uns, um an unserer Transformation zu arbeiten.

Unsere Entscheidung, dass wir intensiv an unserem spirituellen Weg arbeiten wollen, ist für unser Umfeld nicht so einfach, primär für Daniels Partnerin. Sie war ebenfalls in Indien bei Swamiji, um an ihrem eigenen Prozess zu arbeiten. Dieses Wissen hilft ihr und sie kann unsere Verbindung besser verstehen. Die intensive und spezielle Beziehung zwischen Daniel und mir ist für uns alle drei Beteiligten eine Herausforderung.

Zu Beginn ist es schwierig zu verstehen, welche Form der Beziehung Daniel und ich führen. Er ist frisch verheiratet, ich lebe schon einige Jahre allein. Sind wir ein Paar? Sind wir Schwester und Bruder? Was bedeutet diese unerträgliche Nähe, diese unerträgliche Entfernung?

Diametral entgegengesetzt und wieder ganz nah, eins, ohne Zwischenraum. Diese Thematik beschäftigt uns immer wieder.
Daniel und ich teilen dieselben Phänomene und Eingebungen, unabhängig davon, ob wir uns sehen oder nicht. Ich kenne seine Gedanken und Gefühle, er die meinen. Wir träumen dieselben Träume, immer in Form von Yin und Yang. Das ist sehr anstrengend und zugleich sehr faszinierend.
Durch unsere spirituelle Arbeit und unsere Verbindung zur geistigen Welt erhalten Daniel und ich Informationen und Hinweise über unsere gemeinsame Geschichte. In vergangenen Inkarnationen lebten wir die unterschiedlichsten Beziehungsformen. Unser Ziel ist es, alle möglichen Wesensformen der Beziehung zu erfahren, bis wir als Zwillingsseele zusammentreffen, uns vereinen und als Meisterseele inkarnieren.
Wir erkennen uns wieder, arbeiten und verstehen die Bedeutung unseres gemeinsamen Weges und Wissens immer besser. Wir decken die Verbindungen unserer gemeinsamen Inkarnationen auf, wollen unsere Aufgabe erkennen, die in diesem Leben zu bewältigen ist.
In der Russland-Inkarnation arbeiteten wir gemeinsam als Zwillingsseelen. Die größte Aufgabe dieser Konstellation war die Spiegelung der holografischen und spirituellen Ebene. Es war die Vorbereitung auf die Begegnung als Meisterseelen, auf unsere jetzige Inkarnation.
In diesem Leben sind wir Meisterseelen mit der Aufgabe eines rein spirituellen Paares. Es vereinigt sich nicht körperlich, sondern energetisch. Die holografische, alltägliche Paarbeziehung ist in dieser Abmachung nicht vorgesehen. Eine schwierige Aufgabe, die zuerst verstanden werden will. Die Gefühle spielen verrückt.
Wir entwickeln unser spirituelles Wissen weiter und bringen dieses in eine Form der Lehre. Dabei geht es um die Weisheit des Seins und die Erfahrung der Spiritualität in einer Beziehung. Das Wissen der zwei Grundkräfte Yin und Yang zeigt sich in einem Prozess des Anziehens und Abstoßens. Es ist die Weisheit der Vereinigung.
Dieser Prozess ist sehr spannend, ist endlose Arbeit, gefüllt mit Liebe, Freude, Ablehnung, Wut, Unverständnis, Trauer und unbändiger Freude. Dieses Zusammentreffen ist ein Agglomerat von Erlebtem und Gefühl-

tem. Immer mehr wird uns bewusst, mit welcher Intensität wir auf diesen Moment des Zusammentreffens hingearbeitet haben. Dankbarkeit und Lust auf das Leben und die spirituelle Entwicklung sind das Resultat. Es ist faszinierend zu verstehen, wie die geistige Welt im großen Rhythmus unsere Zusammenkunft organisierte und orchestrierte, um uns in den Seelenplan hineinzuführen. Wir erarbeiten unseren Seelenflug, über viele Inkarnationen bis zur jetzigen. Wir erkennen, dass die Verbindung zwischen uns immer bestehen bleibt. Während eines Rituals wird uns bewusst, dass wir in dieser Inkarnation bereits von Beginn an durch einen roten Seelenfaden verbunden sind. Dieser Faden stammt aus der vorangehenden Inkarnation in Russland. Er zieht sich durch die Schwangerschaft unserer Mütter und alle Stationen unseres Lebens, bis heute.
Wir bauen die Kommunikation mit der geistigen Welt immer weiter aus und verfeinern sie stetig. Wir wissen, wer uns begleitet, und kennen unsere Aufgabe. Unaufhörlich werden wir in der Transformationsarbeit unserer persönlichen Themen, Muster und Verhaltensweisen durch unsere Geistführer(innen) angeleitet und begleitet.
Wir durchlaufen viele Initiationen, um unsere Prozesse zu verstehen, zu verarbeiten und uns in die Schwingung der konstanten Transformation zu bringen. Die Reflexion und das Verstehen von eigenen und fremden Verhaltensweisen helfen uns, keine neuen Muster und Verletzungen zu erschaffen und einzulagern.

2006 erarbeiten wir das Konzept unserer spirituellen Schule, der Schule der Formlosigkeit. Wir verbringen unzählige Wochenenden im Tessin, arbeiten Tag und Nacht an den Inhalten der Seminare und dem Aufbau der Schule. Ebenso widmen wir uns intensiv unserem eigenen spirituellen Weg und unserer Beziehung.
Wir beginnen damit, die drei Basisseminare »Klang, Licht und Leere« durchzuführen. Sie bilden den Grundstein der spirituellen Schule der Formlosigkeit. Seit 2012 bieten wir einen dreieinhalbjährigen Lehrgang an.

Das Fundament der Schule sind der Schamanismus und die fünf Elemente der chinesischen Philosophie. Wir unterrichten vorwiegend die Lehre der Elemente, Meridiane, Kundalini und Chakren. Bestehendes Wissen aus der buddhistischen und chinesischen Tradition ergänzen wir mit unserem eigenen. Der theoretische Aufbau wird jeweils von schamanischen und spirituellen Ritualen begleitet und getragen.

Die eigene Transformation inszenieren und das Verstandene im Alltag umsetzen zu können, ist das Ziel unserer Schule. Mit diesem Wandlungsprozess wird das Bewusstsein der inneren und äußeren Natur erkannt und verstanden, erweitert und verfeinert. Es geht um die Befreiung des Hologramms Mensch, um das Verstehen des eigenen spirituellen Wesens und um eine innige Beziehung zum inneren Göttlichen. Die spirituelle Arbeit ist ein lebenslanger Prozess, der Mut, Aufrichtigkeit, Selbstdisziplin und Hingabe erfordert.

Swamiji ist 2016 verstorben, doch unsere Verbindung hält bis heute an. Er war Meister einer 600 Jahre alten Linie von indischen Kundalini-Meistern. Jeder Meister gibt sein Wissen an Nachfolgende dieser Linie weiter, so wie es auch im Wissen von seinem Meister übermittelt wurde. Obwohl ich nicht dieser Linie angehöre, überträgt mir Swamiji bis heute sein Wissen. Die Übertragung von Wissen ist mehr als ein sozialer Akt. Wahre Begegnungen sind außerhalb unserer Zeitdimension möglich. Sie entspringen dem göttlichen Wunsch, Wissen zu aktivieren, einem kraftvollen Drang, höhere Bewusstheit zu erlangen.

Swamijis Motivation, sein Wissen auch an jemanden außerhalb seiner Linie weiterzugeben, hat mit dem Einbringen einer neuen Sichtweise zu tun.
In diesem Leben habe ich Swamiji dreimal getroffen. Zweimal durfte ich in Indien seine Schülerin sein, einmal besuchte er die Schweiz im Rahmen einer Vortragsreihe über die Arbeit mit der Kundalini-Energie. Bereits bei unserer ersten Begegnung spürte ich, dass er mir sein Wissen übertragen wird. Ich habe es geträumt.
Anfangs konnte ich die Botschaft dieses Traums nicht annehmen, dach-

te, dass das nicht möglich sein kann, da es gegen jegliche Traditionen verstößt, eine westliche Frau in das jahrhundertealte Kundalini-Wissen einzuweihen. Rückblickend verstehe ich, dass er mir seit unserer ersten Begegnung sein Wissen vermittelt hat. Doch ich war noch zu gefangen in meiner Vorstellung, dass bestimmt nicht ich damit gemeint sein kann und ich mir das alles nur einbilde. Heute weiß ich, dass die Verbindung zwischen Swamiji und mir raum- und zeitlos ist und sich durch viele gemeinsame Inkarnationen zieht, an denen wir gemeinsam am Kundalini-Wissen arbeiteten.
Als Swamiji stirbt, ist seine Energie unmittelbar bei mir. Doch ich kann dies nicht sofort wahrnehmen oder einordnen, da ich in zu diesem Zeitpunkt in einem überfüllten, lärmigen Zug sitze. Abends ruft mich eine Freundin an und teilt mir mit, dass Swamiji gestorben ist. Ich will es Daniel erzählen, er weiß es bereits und meint: »Swamiji ist vor ein paar Stunden bei mir gewesen und sagt, dass du dich vorbereiten sollst.« Wir machen das gemeinsam mit schamanischen Reisen, energetischen Reinigungen und Meditationen.

Für die Wissensübertragung von Swamiji an mich bilden wir ein Dreieck: Swamiji der Lehrer und Wissende, Daniel der Kanal und ich die Empfängerin. Daniel kanalisiert die Energie und gibt sie direkt und unverändert an mich weiter. So fließt das gesamte Wissen in mein Energiefeld ein.
Dieser Prozess dauert mehrere Wochen und ist sehr berührend, zart und heilig. Nachdem die Übertragung abgeschlossen ist, dauert es noch mehrere Monate, bis diese wundervolle Energie in mein Feld einsinkt. Die Zeit, bis sich alles Wissen einfinden kann, ist eine kritische Phase. Ich fühle mich sehr zerbrechlich und werde oft von Schwindelattacken bedrängt. Regelmäßig verspüre ich ein starkes Bedürfnis, mich von Energien der Außenwelt zu schützen und mich ganz auf mein Inneres zu fokussieren.

In der nächsten Phase unterstützt mich Swamiji dabei, dieses neue Wissen einzuordnen und auf die verschiedenen Ebenen und Lebensbereiche zu übertragen. In diesem Bewusstsein gestalte ich fortan mein Leben, meinen Alltag. Ich erkenne das Göttliche in mir, lebe und ehre es.

Meine Seele verwirklicht sich in mir und dies lasse ich zu. Ich begegne meinem Ego täglich und unterstütze meine Seele, indem ich diese Egoteile wieder und wieder entbinde. Im Wissen, dass meine innere Arbeit noch lange nicht abgeschlossen ist, verspüre ich ein tiefes Vertrauen in die Weisheit des spirituellen Prozesses. Das Erwachen hin zu meinem spirituellen Leben, zu mir als Meisterseele, wird immer deutlicher.

Meine Auseinandersetzung mit dieser göttlichen Kraft, sei es die Arbeit mit der Kundalini-Energie oder die Arbeit mit der Transformationskraft und meine Hingabe an sie, hat vielseitige Fähigkeiten hervorgebracht. Dieses Wissen leitet mich in meiner spirituellen Arbeit mit Menschen.
Die reine Energie unserer vereinten Seele, von Daniel und mir, dringt immer mehr hindurch und wirkt auf uns und andere Menschen.
Auch wenn ich in meinen persönlichen Kundalini-Prozessen an meine psychischen und physischen Grenzen stieß, weit größer und prägender sind die Erkenntnisse und Geschenke, die ich in der Arbeit mit der Kundalini-Energie erfahren durfte. Es gibt nichts, wovor sich Menschen in Kundalini-Prozessen fürchten müssen – es ist eine Begegnung und Befreiung der eigenen Themen und die Freilegung des inneren spirituellen Kerns. Das Ziel ist die Transzendenz, damit die Seele uneingeschränkt mit uns kommunizieren und uns führen kann.

Meine Kundalini-Prozesse scheinen im Seelenlicht, sie sind in Bewegung. Ich lebe meine Form des Mensch-Seins, geführt und begleitet durch die Weisheit meiner Seele. In meinem Leben herrschen ein neuer Frieden sowie eine Wertschätzung für die Schönheit des Daseins. Immer wieder tauchen in mir Muster und menschliche Unzulänglichkeiten auf. Im Schritt der permanenten Transformation und in dem Wissen um das, was größer ist als ich, bin ich auf meinem lebendigen spirituellen Weg.

Einführung in die Kundalini-Prozesse

Nach der daoistischen Auffassung hat sich das ganze Universum und alles Leben aus einer Einheit – dem Dao – gebildet. Diese unteilbare Einheit ist in allem enthalten und besteht aus zwei entgegengesetzt wirkenden Kräften: Yin und Yang.

Kundalini-Energie ist Dao, das Eine, das göttliche Bewusstsein, welches sich in der Schöpfung manifestiert. Das Licht aller Lichter, der Ton aller Töne, die göttliche Kraft schlechthin.[2028?]

Die Kundalini ist vergleichbar mit einer DNA, sie ist die Verbindung zum Urwissen, zur allumfassenden Seele, zum göttlichen Prinzip. In jedem Leben sammeln wir karmisches Wissen, das die Lernaufgaben der nächsten Inkarnation prägt.

Die Kundalini-Energie ist das göttliche Prinzip im Menschen. Sie ist in ihrer Gesamtheit als »die eine Kundalini-Energie« zu verstehen, die sich in mehrere Kundalini-Prozesse unterteilt. Diese Prozesse sind alle gleichwertig und werden von der göttlichen Energie geleitet.

In jedem Menschen wirken verschiedene Kundalini-Prozesse. Einige Kundalini-Prozesse nehmen denselben Aufstieg. Der Weg führt vom Wurzel-Chakra*, durch alle Chakren hin zum Kronen-Chakra, bis zur ewigen Seele. Andere Kundalini-Prozesse sind grundlegende spirituelle Antriebskräfte im Menschen.

Jeder Kundalini-Prozess besteht aus einer männlichen und einer weiblichen Aufstiegsenergie. Beide Kräfte zusammen ergeben das Wissen – Yin – und den Antrieb – Yang. Es ist die Vereinigung der zwei Grundenergien, des Himmels und der Erde.

Die Kundalini-Energie spiegelt uns Menschen in der Yin- und in der Yang-Energie. Die Seelenaufgabe eines jeden menschlichen Wesens ist das Transformieren der alltäglichen und der spirituellen Ebene.

Durch das Wissen um die Existenz der ewigen Seele in Verbindung mit dem Hologramm, unserem menschlichen Dasein, ist die höchste Form der Transformation für uns Menschen die Befreiung, die Erleuchtung oder das Erwachen. Sind wir erwacht, ist unser Alltagsbewusstsein überschritten. Wir erfahren unser Leben in einer dauerhaft verstehenden Form von Hingabe und Demut.

Die geistigen Wesenheiten sind immer wahrnehmbar und zeigen sich dem Menschen in Form von Wissen, Gedanken, Gefühlen, Bildern, Worten und Ahnungen und lehren uns ihre Weisheiten.

Spielen alle Kundalini-Prozesse zusammen, steigen sie auf und die höchstmögliche spirituelle Entwicklungsstufe ist erreicht.

Das heisst aber nicht, dass wir keine Angst mehr haben oder unsere Muster alle transformiert sind. Jack Kornfield schreibt in seinem Buch »Nach der Erleuchtung Wäsche waschen und Kartoffeln schälen« sehr ausführlich, dass das Leben in einem anderen Bewusstsein weitergeht. Trotzdem sind wir jeden Tag mit profanen Erfahrungen konfrontiert, denen wir immer wieder neu in Demut begegnen dürfen.

Kundalini-Prozesse sind Wege, die uns Menschen durch Transformation in den spirituellen Aufstieg zur ewigen Seele führen. Ist ein Teil des Aufstiegs vollbracht, berührt die Kundalini die Seele.

Diese Berührung erweckt eine heilige Bewegung oder eine Erleuchtung der Seelenenergie. Dadurch wird Wissen ausgeschüttet. Die Kundalini-Energie leitet das Seelen-Wissen erneut in unseren Körper zurück und manifestiert sich als schöpferisches Prinzip in unseren Herzen. Allmählich sinkt das universelle Wissen in unser Bewusstsein ein.

Jeder Kundalini-Prozess hat seine spezifischen und ureigenen Themen und Fähigkeiten, um den Menschen in die Spiritualität zu führen.

Das Ziel der Transformation ist die Rück-Verbindung zu unserem göttlichen Kern, dem Menschen als spirituelles Wesen. Diese unsterbliche und ewig währende Kraft und Weisheit verbirgt sich hinter dem Ego. Wir haben diese Weisheit des göttlichen Kerns mit unseren holografischen Mustern und Ängsten zugedeckt.
Wir sind hier, um unseren Lebensweg, unser gelebtes Lebens-Bardo* zu bewältigen, zu verstehen und zu transformieren. Kann diese Auflösung geschehen, hat die Seele Zugang zu unserem wahren Wesen.

Der Lernprozess des Menschen beinhaltet auch die Weiterentwicklung der großen Seele. Entwickelt sich unsere Seele, entwickelt sich damit ein höher schwingender und bewusster Mensch. Wir entwickeln das Göttliche in uns und das Göttliche entwickelt sich durch uns.
In diesem Lern- und Entwicklungsprozess geht es nicht nur darum, eine Blockierung so schnell wie möglich zu lösen oder den Weg frei zu machen. Die Idee ist, in den Prozess des Aufwachens hineinzuwachsen. Das eigene Verständnis für spirituelles Wissen zu erarbeiten, zu verstehen und zu leben, ist von großer Wichtigkeit.

Die Kundalini-Prozesse

Folgende Kundalini-Energien gelangen als göttliche Essenz in den menschlichen Körper. Es sind die Hauptprozesse.

Sechs Yin- und sechs Yang-Kundalini-Prozesse:

Brahma-Nadi:	1 Yin- und 1 Yang-Prozess
Chitrini-Nadi:	1 Yin- und 1 Yang-Prozess
Sarasvati-Nadi:	1 Yin- und 1 Yang-Prozess
Lakshmi-Nadi:	2 Yin- und 2 Yang-Prozesse
Vajra-Nadi:	1 Yin- und 1 Yang-Prozess
Sushumna-Nadi:	1 Yin- und 1 Yang-Prozess

Modell: Kundalini-Prozess, blockierter Aufstieg in den Chakren

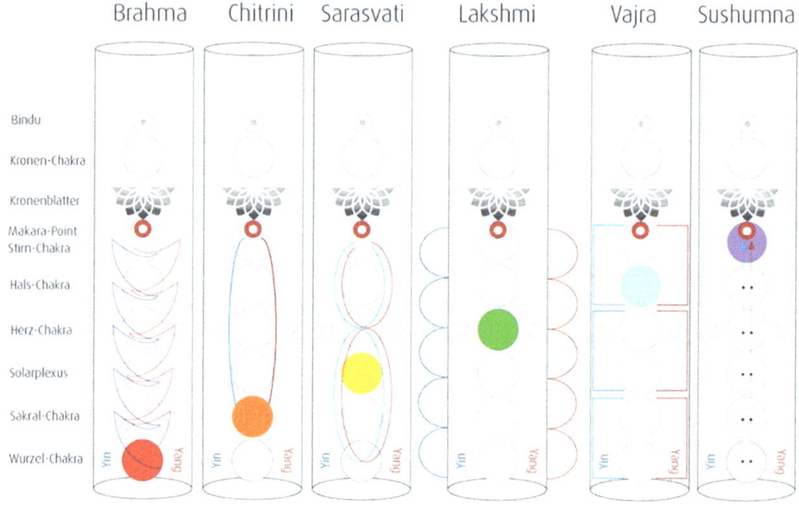

Zwei Kundalini-Prozesse sind außerordentlich. Ihre Energien sind grundlegende Kraftquellen, die uns Menschen über sämtliche Inkarnationen innewohnen. Es sind dies:

Zentralgefäß/Gouverneursgefäß: 1 Yin- und 1 Yang-Prozess, symbolisch für den Seelenfaden

Modell: Kundalini-Prozess ZG und GG

Kanal aussen: Yin-Struktur

Yin ist die weibliche Energie

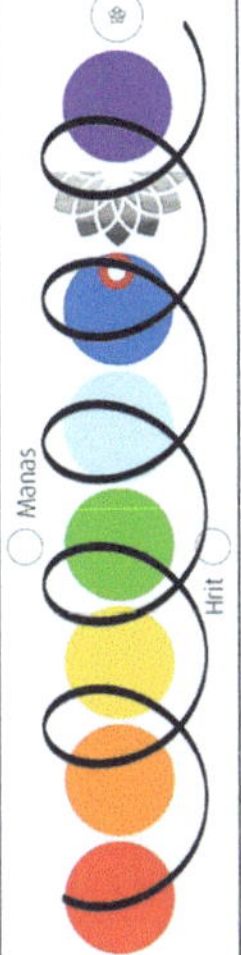

Kanal innen: Yang-Spiralbewegung

Yang ist die männliche Energie

Modell: Kundalini-Prozess Inkarnation-Spirale Yin und Yang

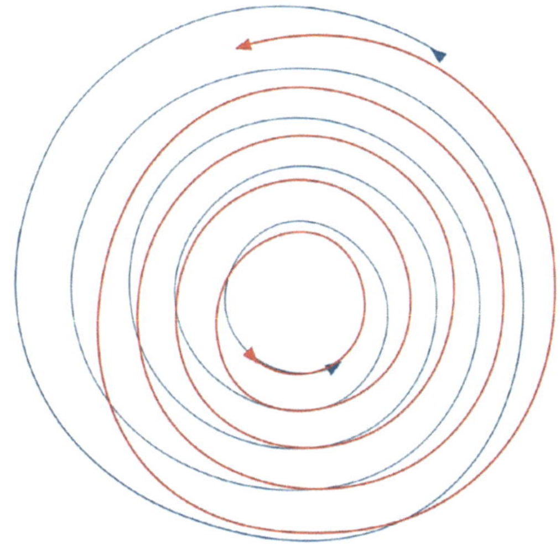

Modell: Seelenfaden über sämtliche Inkarnationen

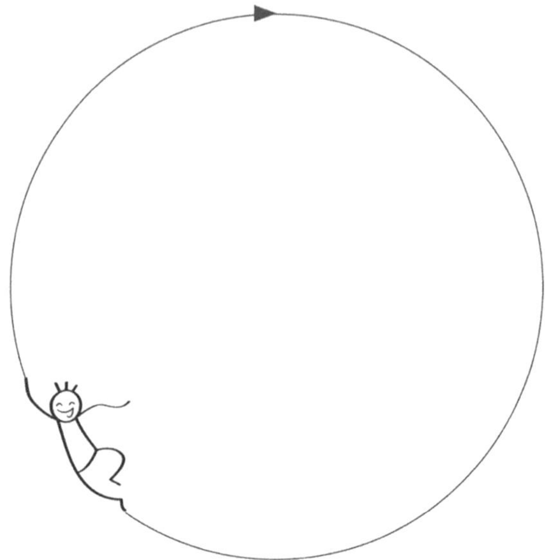

Die Kundalini-Energie ist vom Anfang aller Inkarnationen bis zum Ende aller *Inkarnationen aktiv.

Der Kundalini-Prozess beginnt bei der Zeugung und entwickelt sich während der gesamten Schwangerschaft. In jeder Inkarnation beginnt der Kundalini-Prozess wieder von Neuem. Das Wissen, welche Aufgaben in diesem Leben zu bewältigen sind, entspringt der persönlichen Transformation aus vorangehenden Inkarnationen.

Allerdings wird die Kundalini-Energie und nur die Energie des vorangehenden Lebens mitgenommen. Diese Energie ist kumuliertes Wissen aus allen Inkarnationen. Somit wird nur die reine Erfahrung transportiert, keine Emotionen oder Anhaftungen. Die einzige Wiederholung besteht darin, dass alle Kundalini-Prozesse immer vorhanden sind.

Jeder Kundalini Prozess ist bei jedem Menschen gleich aufgebaut und zeigt sich dennoch bei jedem anders. Die Ausformung des Prozesses

und seine Abfolge, also welcher Prozess als Erster aufsteigt, ist je nach Thematik und Aufgabe eines jeden Menschen anders. Die Seele entwickelt sich immer weiter und sieht im jetzigen Leben eine bestimmte Reihenfolge der Kundalini-Prozesse vor.
Ein bis zwei Kundalini-Stränge sind meistens prominent, weil sie für bestimmte Themen stehen, die zuerst grundlegend bearbeitet werden wollen.

Themen, Muster, Glaubenssätze und Probleme, die während des jetzigen Lebens und aller vorangehenden Inkarnationen transformiert, verstanden und umgesetzt sind, können in Form von geheilter Energie gesammelt werden. Diese gesammelte, verstandene und heilige Energie nennen wir *Kundalini-Wasser oder Wasser der Erkenntnis. Während des Lebens wird neues Wasser gesammelt, unser Glas füllt sich mehr und mehr. Diese Energie nehmen wir in die nächste Inkarnation mit und sammeln immer weiter.

Grundsätzlich geht kein Wasser verloren. Wir können jedoch etwas Wasser »verschütten«. Beispielsweise wenn wir denken, etwas verstanden zu haben, und uns in dieser Unwissenheit sicher fühlen. Wir überschätzen uns und denken, dass es erledigt ist. Dann ist die Energie vorübergehend verschüttet und wir können diese auch nicht mitnehmen. Es besteht immer die Möglichkeit, die Themen erneut aufzunehmen und zu bearbeiten. Dadurch fließen die transformierten Themen wieder ins Glas, in unsere heilige Sammlung.

Wir können die transformierte Energie in Demut sammeln. Wir erkennen, dass wir die Sonne sehen, sie aber nicht verkörpern. Oder wenn wir einen Berg sehen, ahnen wir vielleicht, wie es sein wird, oben zu stehen, müssen den Weg aber gehen, um zu erfahren, wie es sich anfühlt, auf den Berg zu steigen. Die Erfahrung und das Verstehen liegen darin, den Weg zu gehen, nicht im Wunsch, schon am Ziel zu sein. Jede Erkenntnis, die wir umsetzen, füllt unser Glas mit Kundalini-Wasser.

Der Schlüssel liegt im Erkennen, dass der spirituelle Weg niemals endet und wir in jeder Inkarnation mit der Möglichkeit beschenkt werden, so viel Transformationsenergie wie möglich zu sammeln und über den Tod hinaus mitzunehmen. Wenn wir dies verstehen, entwickeln wir uns kontinuierlich in die göttliche Dimension hinein und erklimmen unsere spirituelle Lebensleiter.

Während der Kindheit kann der Kundalini-Prozess schon aktiv oder erwacht sein. Wir nennen diesen Prozess den sogenannten Babyprozess. Es ist die Energie von Weisheit und Reinheit.

Ein Kind kann die ersten fünf Jahre einen Erleuchtungsprozess erleben. Das bedingt eine gewisse Reife und Bewusstheit der Eltern und ihrer Erziehungsmethoden. Das Kind wählt seine Eltern aus, um das richtige Umfeld zu durchleben.

Aufbau

Element, Chakra und Kundalini-Prozess

Um die einzelnen Kundalini-Prozesse und deren Themen und Fähigkeiten besser einordnen zu können, ist es hilfreich zu verstehen, wie wir Menschen transformieren können. Als Metapher dient hierfür das innere Haus der Entwicklung und des Wachstums.
Ist das Fundament eines Hauses nicht stabil, sondern brüchig und anfällig für Störungen, lässt sich darauf kein robustes Gebäude erstellen. Es gelingt uns nur schwer, uns sicher und geborgen zu fühlen.
Die fünf *Elemente bilden das Fundament, die Grundmauern. Die Chakren symbolisieren die sieben Stockwerke und die Kundalini-Energie ist der Geist des Hauses, der Geist des Göttlichen. Die Kundalini-Energie ist die Verbindung zur ewigen Seele und die Weisheit, sich selbst aus der Ganzheit heraus führen und leiten zu lassen.

Die fünf Elemente

Der Taoismus stellt das gesamte Wissen über die Realität mittels Symbolen dar. Hieraus entstand die Fünf-Elemente-Lehre. Nach dieser Lehre existieren fünf Elemente, nämlich Wasser, Feuer, Holz, Erde und Metall. Diese sind nicht nur als Elemente, sondern gleichzeitig als Symbole zu verstehen, die beschreiben, wie sich Dinge gegenseitig beeinflussen (zueinander verhalten). Sie sind sowohl auf den Makrokosmos als auch auf den Mikrokosmos, also auf das Universum und auf die Natur des menschlichen Körpers, ausgelegt.
Die fünf Elemente sind unmittelbar aus der Natur abgeleitet. Aus ihren Eigenschaften wird auf die Beziehungen zwischen Erde, Mensch und

Himmel innerhalb dieser Sphären geschlossen. Mensch, Himmel und Erde stehen in Wechselwirkung zueinander und sind voneinander abhängig. Die Fünf-Elemente-Lehre untersucht die Gesetzmäßigkeiten, nach denen dynamische Prozesse (Wandlungen) im Bereich des Lebendigen ablaufen, betont also Werden, Wandlung und Vergehen. Den fünf Elementen werden bestimmte Themen zugeordnet, die sich in unserem menschlichen Leben manifestieren. (Anmerkung: Das Wissen der fünf Elemente findest Du in vielen Quellen; in diesem Abschnitt entstammt es keiner spezifischen Quelle oder Sekundärliteratur.)
Im Werden, Wandeln und Vergehen sind die *Transformation und die Entwicklung angesprochen. Diese Dynamiken begleiten uns ein Leben lang. Sind wir noch nicht bereit zu transformieren, wird uns die Gesetzmäßigkeit früher oder später dennoch an diesen Punkt bringen. Sie wird uns wieder und wieder erinnern, bis wir bereit sind, uns zu erkennen.

In ihrem Buch »Die Urkraft der Kundalini« beschreibt Karin Bruckner: »Unter den Begriffen Evolution und Involution, kann das Prinzip von Schöpfung, Auflösung und erneuter Schöpfung zusammengefasst werden.«

Evolution ist ein schöpferisches Prinzip, bei der die Ausströmung in ihrer Energie absinkt, zu einem Verdichtungsprozess führt und sich damit materiell ausdrückt.

Die Involution ist das umgekehrte Prinzip: Die Materie löst sich wieder auf und kehrt zu ihrem geistigen Ursprung, zur Form reiner Energie zurück.

Konditionierungen, Glaubenssätze, Muster und nicht aufgelöste Traumata finden wir in unseren Grundmauern in unseren inneren Elementen. Der Schöpfungsprozess des Kreierens dieser Verhaltensmuster ist uns oft nicht bewusst.

Der Verdichtungsprozess unserer Glaubenssätze darf verstanden und transformiert werden. Dadurch erwerben wir neues Bewusstsein, was uns dazu bringt, mit unserer Schöpferkraft eine andere Realität zu erschaffen.

In den folgenden Modellen der fünf Elemente werden die verschiedenen Zyklen dargelegt und wie sie auf unsere Verhaltensweisen und Muster wirken.

*Modell: Darstellung der *Homöostase (Gleichgewichtszustand) in den 5 Elementen*

Die ideale Form der Homöostase ist das gesamte System in der Verbindung mit der Erde, unserem Grundboden, und wird in der gesamten transformierten Ausdrucksform gelebt.

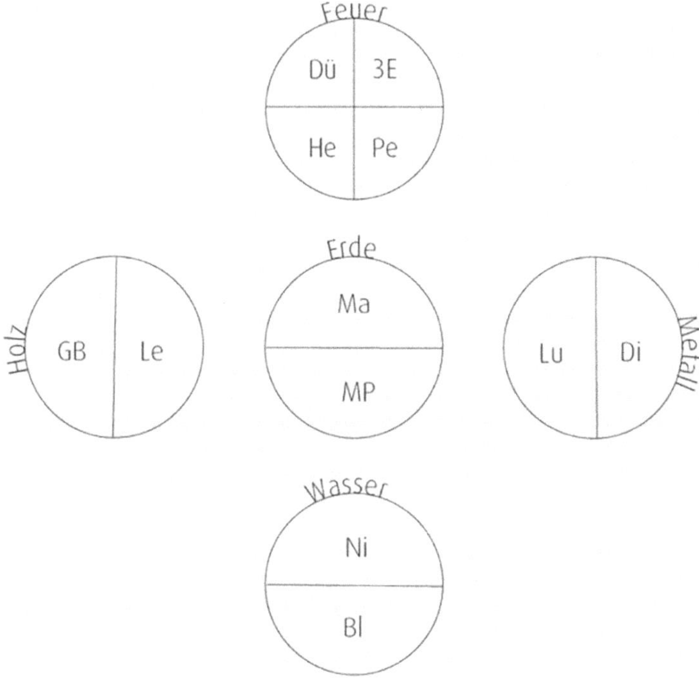

Modell: Darstellung der Probleme in den 5 Elementen

Die *pathologische Darstellung der fünf Elemente zeigt und erklärt die verschiedenen Pathologien, *Glaubenssätze, *Muster und Verhaltensweisen auf.

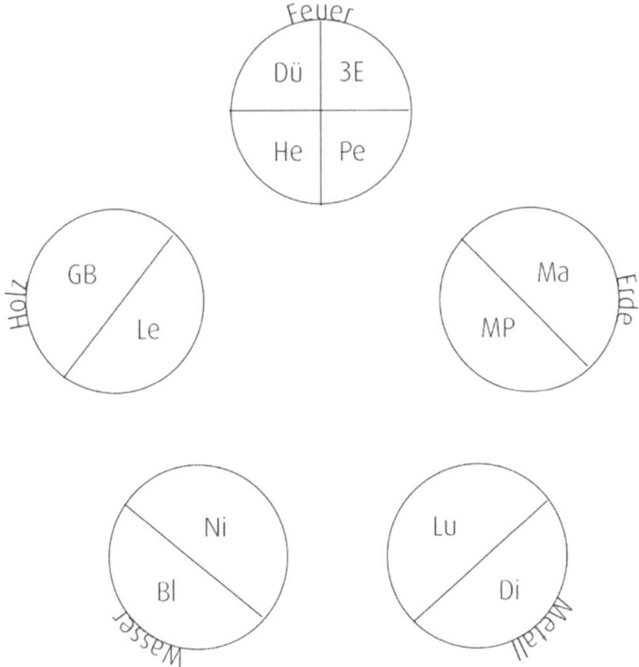

Nährender Zyklus

Der nährende Zyklus zeigt auf, wie z. B. eine Emotion in die verschiedenen Elemente fließt und wie sich diese Emotionen in jedem Element verändern und vertiefen.

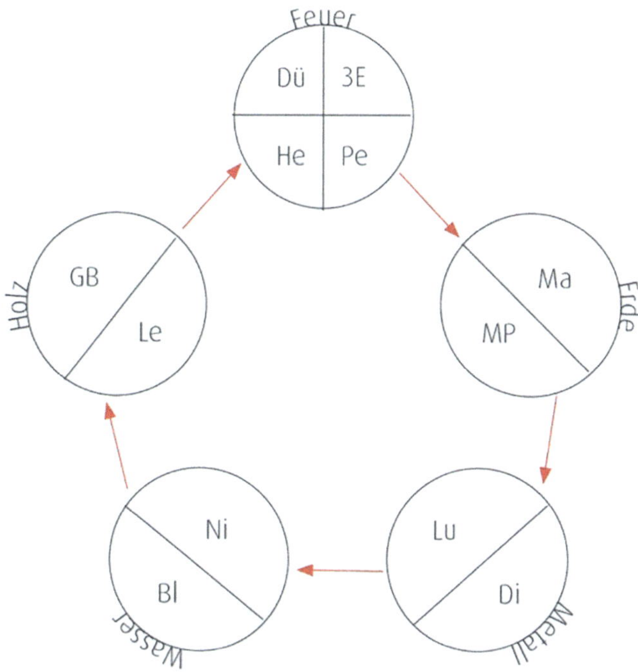

Kontrollierender Zyklus

Der kontrollierende Zyklus überwacht die Aufrechterhaltung der pathologischen Emotionen in den Elementen und unterstützt die destruktive Form der Bewahrung.

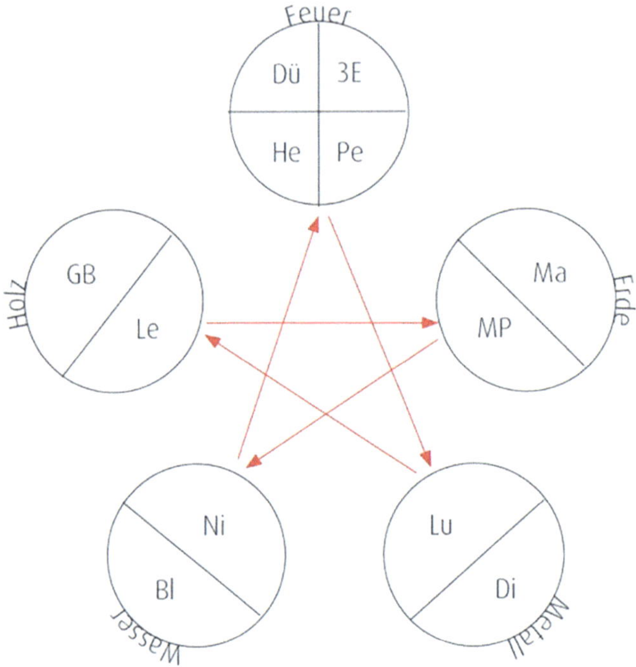

Erschöpfender Zyklus

Der erschöpfende Zyklus zeigt uns auf, wie sich die körperlichen und psychischen Symptome auswirken und unsere Verhaltensweisen in die Erschöpfung bringen.

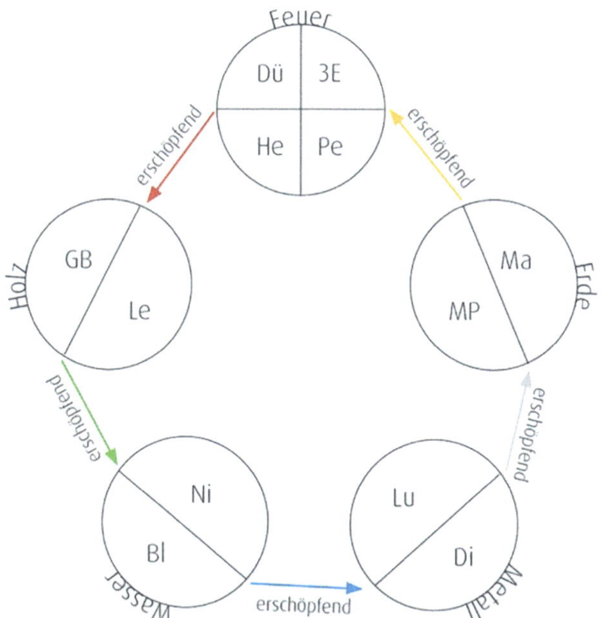

Verletzender Zyklus

Der verletzende Zyklus zeigt uns auf, in welcher Form wir unsere geistigen und körperlichen Ausdrucksweisen in die Pathologie bringen. Im verletzenden Zyklus können sich schwere Pathologien manifestieren.

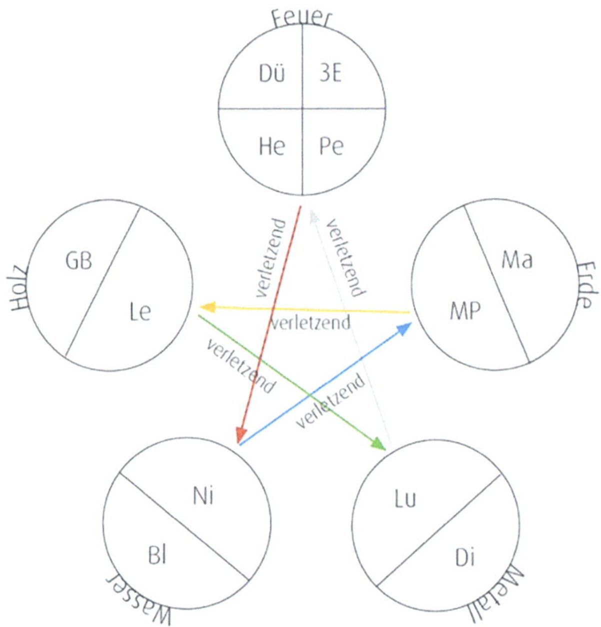

Die Emotionen und ihre Auswirkungen im nährenden und kontrollierenden Zyklus der fünf Elemente

Nachfolgend zeigen wir ein System auf, das nicht in der Homöostase ist. Wir legen dar, wie sich bestimmte Emotionen in erschöpfenden und verletzenden Ausdrucksweisen in den fünf Elementen zeigen und manifestieren können.

Diese pathologische Ausdrucksweise in den genannten Zyklen verstärkt sich dauernd und wird unter Umständen tief verinnerlicht. Das folgende Beispiel zeigt, wie der Weg der Emotion und die entsprechenden Auswirkungen auf ungute Weise in den Zyklen der fünf Elemente ablaufen.

Das geschieht mit jeder Emotion, die nicht bearbeitet und verstanden wird.

Beispiel:

Aus der Ursache entstehen die Emotionen immer im Wasser, in der Kindheit. Hier ist eine Emotion der Angst entstanden. Angst hat oft keinen Platz und wir versuchen sie z. B. mit Wut zu kompensieren.

Die Wut im Holz nährt das Feuerelement (N1). Das zeigt sich in der Wortwahl und der Ausdrucksweise der Emotionen im Feuer.
Das Feuer nährt die Erde mit seinen undifferenzierten Worten und Gedanken der Wut (N2), wodurch in der Erde Unklarheit entsteht und diese in die Wurzeln des Lebensbaumes absinkt.

Das Holz kontrolliert in seiner Wut, dass die Emotion in der Erde aufrechterhalten und weitergetragen wird (K1). Diese innere Wut in den Wurzeln nährt das Handeln der edlen Ritterin im Metall (N3). Sie kann nur noch zustechen, anderen mit ihrer messerscharfen Kommunikation in den Rücken fallen und wägt nicht mehr ab, was recht und was unrecht ist. Sie ist im Handeln, im Kämpfen und im Verletzen gefangen.

Das Feuer kontrolliert das Metall, damit die Worte und Taten so gewählt werden, dass die verletzenden Worte der edlen Ritterin im Metall aufrechterhalten werden (K2).

Die *edle Ritterin (die unedle Ritterin) nährt das Wasser und überdeckt dort mit ihrer Verdrehung von Macht und Ohnmacht die Angst im Wasser (N4).
Die Erde kontrolliert in ihrer Undifferenziertheit und schaut, dass die unklare Haltung gefördert und genährt wird (K3).
Das Wasser nährt das Holz und in seiner ohnmächtigen Haltung schürt es noch mehr Wut (N5).
Das Metall kontrolliert, dass diese Wut im Holz aufrechterhalten bleibt (K4).

Das Wasser kontrolliert das Feuer, damit der Kreislauf bestätigt und weitergeführt wird (K5).

Die Idee hinter diesem System ist eine Überlebensstrategie. Aus dieser Vorstellung heraus sind alle Mitmenschen Feinde. Diese Form der Gefühle ist meistens vollkommen unbewusst und wird von uns nicht erkannt.

Haben wir nicht den Mut, diesen unheilvollen Kreislauf zu unterbrechen, geraten wir unter Druck. Das steigert sich von Erfahrung zu Erfahrung und wir laufen Gefahr, immer mehr ins Abseits zu gelangen. Den Verlauf siehst Du im nachfolgenden Modell.

Die Emotionen und ihre Auswirkungen

Modell: Der Weg der Reflexion in den Elementen

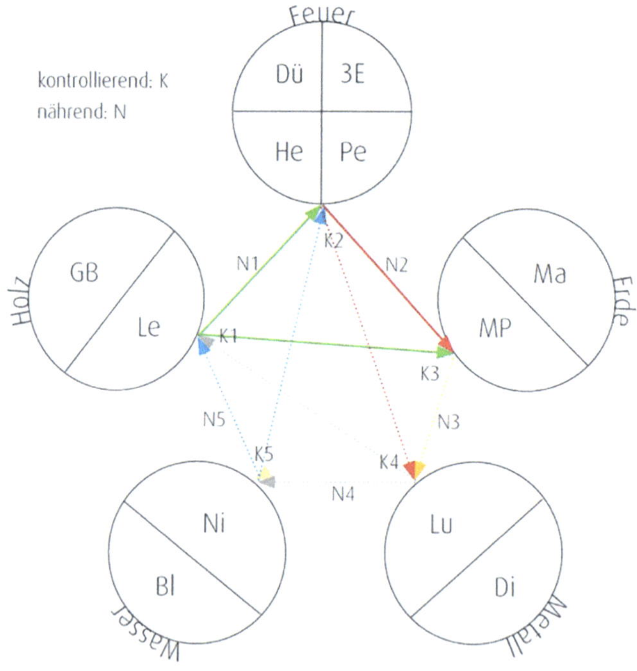

Die Chakren

Chakren sind die feinstofflichen Energiezentren unseres Körpers. Sie repräsentieren die universelle Verbindung zum menschlichen Leben. Die Chakren-Lehre unterscheidet sieben Hauptchakren, die entlang des Energiekanals der Wirbelsäule angeordnet sind. Sie sind durch verschiedene Energiebahnen (Meridiane und Nadis) und einen Energiekanal miteinander verbunden. Durch diesen Energiekanal steigt die Kundalini-Energie auf. Jedes Chakra durchdringt den physischen Körper des Menschen und verbindet ihn mit dem feinstofflichen Körper (Aura). In ihrem Zusammenspiel spiegeln und nähren die Chakren das gesamte System mit Energie und Informationen.

Wurzel-Chakra
Sakral-Chakra
Solarplexus-Chakra
Herz-Chakra
Hals-Chakra
Stirn-Chakra
Kronen-Chakra (außerhalb des Körpers)

Modelle: Zwei verschiedene Darstellungsformen der Chakren

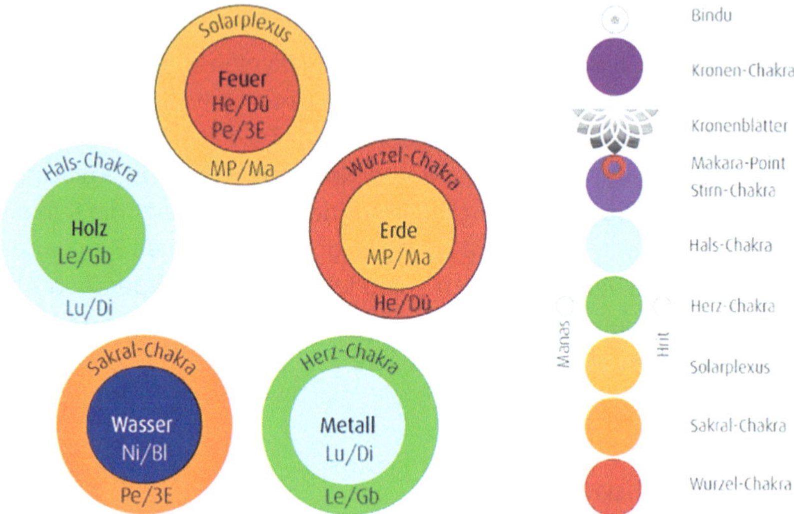

Jedes Chakra wirkt auf unseren Körper, auf unseren Geist und auf unsere Seele. Es schwingt in einer Farbe und Frequenz, die den jeweiligen Themen und Aufgaben entsprechen. Die Chakren sind aus spiritueller Sicht immer offen und vollkommen rein. Glaubenssätze, Muster und andere Blockaden aus den fünf Elementen können den Energiefluss schwächen, wodurch uns die Chakren geschlossen erscheinen.

Die Chakren als Spiegel

Je mehr eine Eigenschaft eines anderen uns stört, desto intensiver versucht die Seele, uns auf diese Spiegelung, die ein bestimmtes Thema bei uns hervorruft, aufmerksam zu machen. Erkennen wir eine solche Spieglung, können wir nach innen gehen und uns erlauben, dieses Thema zu verstehen und zu verändern.

Nachfolgend beschreiben wir die Art und Weise, wie die Chakren die Themen reflektieren. Wie die Spiegelung als Selbsterkenntnis funktioniert, beschreiben wir in dem Kapitel »Rituale«.

Die Chakren spiegeln die Themen aus dem jeweiligen Element. Die Chakren haben keine eigenen Inhalte, sie arbeiten ausschließlich als Reflektoren.

In seiner göttlichen Weisheit trägt das Chakra-System die entsprechenden Meridiane der Elemente in sich. Die Kommunikation zwischen dem Chakra und dem Element bringt uns in die optimale Spiegelung.

Mit dem Instrument der Spiegelung erhalten wir eine klare, differenzierte und öffnende Möglichkeit, eine andere und transformierende Sichtweise einzunehmen.

Die Spieglung kann auch aus uns selbst heraus kommen. Wir reflektieren unsere Themen und Probleme dann von innen heraus.

In unserer Klarheit sehen wir auf der Ebene des Chakras die Fragmente der ungelösten Themen. Wir haben die Möglichkeit, diese Spiegelung zu erkennen und zu verändern. Das Chakra zeigt uns den wertfreien und reinen Spiegel unseres Selbst.

Über den Spiegel der Klarheit von Milz/Pankreas sehen wir, was noch nicht gelöst ist. Aus diesem Sichtfeld heraus erkennen wir unsere emotionalen, manipulierenden und verletzenden Emotionen im Herzen.

Sind die jeweiligen Themen auf der Elemente-Ebene erkannt, bearbeitet und transformiert, fließt die Energie zwischen Element und Chakra wieder frei.

Im Erkennen transformieren wir unsere emotionalen Ausdrucksweisen in eine neue Herzqualität und kommen in unserer Klarheit zu reiner Güte und Mitgefühl.

Die Energie des Dünndarms kann wieder normal differenzieren. Folglich bringt die Energie des Magens bereinigte Erfahrungen in Form von neuen Fähigkeiten und Erkenntnissen hervor.

Wir handeln nicht mehr aus einem egoistischen Gedankengefüge heraus, sondern wir verstehen in Klarheit und in Differenziertheit.

Kundalini-Energie

Die transformierte Energie, das Wasser der Erkenntnis, das Kundalini-Wasser, kann in das Chakra hineinströmen. Je besser die Chakren mit Energie versorgt sind, desto leichter kann die Kundalini-Energie aufsteigen. Das Chakra-System steht bildhaft für den See; die Kundalini-Energie für das Boot, das ihn überquert.

In ihrem Aufstiegsprozess kann die Kundalini-Energie sehr unangenehme Phänomene hervorbringen. Ursache dieser Phänomene sind unerledigte Themen, Muster und Glaubenssätze auf der Ebene der fünf Elemente. Durch die fehlende oder nicht gründlich abgeschlossene Auseinandersetzung und Transformation kann wenig Kundalini-Wasser gesammelt werden. Dem Boot fehlt das Wasser, um ruhig über den See zu gleiten.

Modell: Fundament Element – Chakra – Kundalini

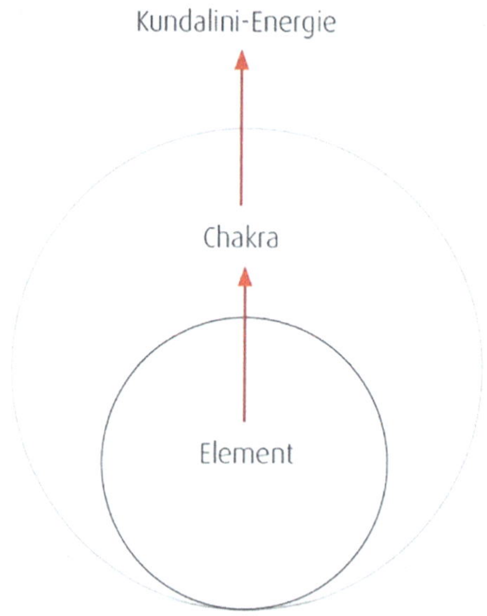

Modell: Fundament Element – Chakra – Kundalini

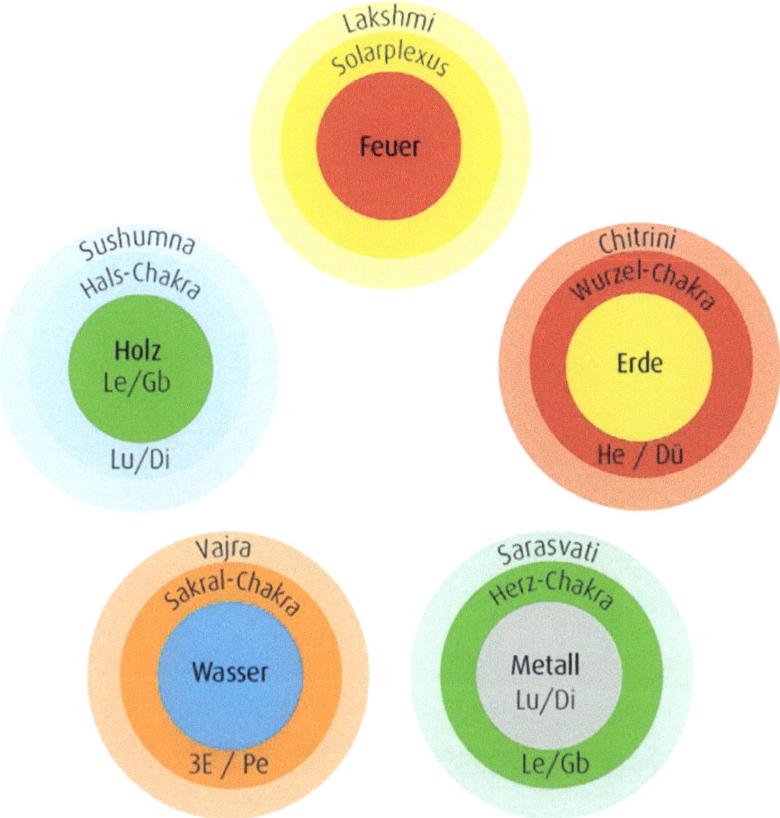

Die universelle Weiblichkeit/Schöpferkraft

Der Wunsch des universellen Bewusstseins ist die Weiterentwicklung des göttlichen Funkens. Dafür schuf es in unseren Dimensionen Yin und Yang, das sind Gegensätze wie Frau und Mann, sie dienen sich gegenseitig als Spiegel und Projektionsfläche.

Beide erkennen ihr vollkommenes Sein erst in der Begegnung mit dem Gegenüber beziehungsweise mit den eigenen innersten Prinzipien, den Grundkräften Yin und Yang.

Yin hat immer einen kleinen Anteil Yang und Yang hat immer einen kleinen Anteil Yin. Diese befruchtenden Teile durchdringen das ganze System und spiegeln in ihren Eigenschaften unser Wissen und seine Ausdrucksweise.

Durch diese Auseinandersetzung erkennen wir die universelle Vision und den Wunsch der Entwicklung nach Eins-Sein. Die zwei Grundkräfte Yin und Yang bedingen sich in allen Ausdrucksformen des Lebens.

Das Universum entspricht in seinem Ursprung dem weiblichen Geburtsprinzip: das Weibliche, das Yin als Hüterin des Wissens, welches den universellen Raum ins Fließen bringt.

Das männliche Prinzip, das Yang, entwickelt sich in dieses Bewusstsein hinein.

Yin und Yang bedingen und durchdringen sich gegenseitig. Als entgegengesetzte Kräfte stehen sie im Einklang und in der Verbindung zum großen Ganzen.

Yin, das Urwissen, benötigt den Impuls des Yang, um in Bewegung zu kommen und sich auszudrücken. Durch das männliche Prinzip der Bewegung wird das weibliche Prinzip des Wissens erst sichtbar und so wird Wachstum möglich.

Die Energien von Frau und Mann sind gegensätzliche, universelle Kreationen mit unterschiedlichen Lernaufgaben. Vor jeder Inkarnation wählt die Seele, welche Erfahrung sie machen will und welches Geschlecht für diese Erfahrung dienlicher ist. Die Seele kennt keine Wertung, beide Geschlechter sind ebenbürtig und wertvoll.

Die Stärkung des weiblichen Prinzips führt den Menschen zurück zum Wesentlichen, zur gelebten Solidarität und zur Verbindung mit allem, was ist. Das weibliche Prinzip ist die Hüterin und Versteherin des alten und des neuen Wissens.

Damit sich Frau und Mann im eigenen Sein erkennen und weiterentwickeln können, benötigen sie einander als Projektionsfläche. Dieses Lernfeld finden wir nicht nur in Partnerschaften, sondern in jeglicher Form der Begegnung, des Miteinanderlebens und Voneinanderlernens.

Die Erkenntnis dieser Spiegelung ist der Antrieb, der Motor, der das Wissen in Bewegung bringt. Es entsteht ein neues Bewusstsein, das sich entwickelt und manifestiert.

Dieses Wachstum erfahren wir sowohl im Außen mit unseren Mitmenschen als auch im Innen mit unserem weiblichen Anteil *Anima (Yin) und unserem männlichen Anteil *Animus (Yang). Anima und Animus wollen erkannt und gelebt werden. Der Tanz der beiden ist die Voraussetzung, um das vollkommene Miteinander verstehen zu können.

Das Verlassen des Paradieses

Kundalini, die göttliche Schlange, bietet der Frau (Yin) den Apfel der Erkenntnis an, um in einen spirituellen Transformationsprozess aufzubrechen. Der Lernprozess besteht darin, aus der Stagnation herauszutreten, um sich weiterzuentwickeln.

Kundalini unterstützt die Menschen in ihrem spirituellen Aufstieg und in ihrer Entfaltung. Sie fordert die Anima zum Dialog und zur Auseinandersetzung mit ihrem Spiegel, dem Animus, auf.

Auch Adam, der *Animus, isst nach der Aufforderung Evas von der Frucht und beide sehen, dass sie nackt und ebenbürtig sind.

Nacktheit und Ebenbürtigkeit symbolisieren eine grundlegende Haltung, damit wir uns ermächtigen, mit unserem innersten spirituellen Sein wieder Verbindung aufzunehmen. Die Voraussetzung dafür ist die Idee der inneren Reinheit und die Transformation unserer Muster und Glaubenssätze.

Durch den Prozess der inneren Aufforderung, unsere Verhaltensweisen und Muster zu verändern, geraten Yin und Yang aus der Balance. Frau und Mann fallen aus der Kundalini-Energie in den Apfelmythos. Das Symbol des Apfels der Erkenntnis wird zum Zankapfel des Unverstandenen und Verletzenden.

Der Apfel, als Symbol des ewigen Lebens, der Spiritualität und der Transformation, wird nicht verstanden.

Beide verlassen das Paradies und somit die Idee der Spiritualität. Dieser Akt ist wichtig und notwendig, um unsere Muster und Glaubenssätze aufzudecken, um ganz zu werden. Das gibt uns den Antrieb, den inneren Entwicklungsprozess durch Transformationsarbeit in Bewegung zu bringen.

Der Lernprozess des Universums fordert uns auf, die destruktiven Kräfte in uns, unsere Verhaltensweisen, zu erkennen und zu transformieren. Durch diesen Wandlungsprozess werden wir als Individuum bewusster und bringen auch das kollektive Bewusstsein in einen Wachstumsprozess.

Spirituelle Arbeit öffnet den Zugang zu unserem inneren Wissen, sodass es erkannt, integriert und im Spiegel des Universums gelebt werden kann. So ist es ursprünglich vom Wesen des großen Ganzen, der Kundalini-Energie, geplant.

Die grundsätzliche Aufgabe des Yin und Yang

Yin

Das Yin ist die Struktur des Menschen, der ganze Körper und sämtliches Urwissen; der Körper mit all seinen Organen, mit seinem Skelett, den Gefäßen und der gesamten Muskulatur.

Das Wissen und die Emotionen in jeder Form sind im Yin eingelagert. Auf der seelischen Ebene sind mit der Inkarnation das Wissen um die Lebensaufgabe und unser Wesen der spirituellen Persönlichkeit eingeflossen.

Durch die verschiedenen Umstände der Schwangerschaft und der Kindheit wurde das Wissen des Ur-Yin durch Bilder, Gefühle und Glaubenssätze überdeckt. Erst durch die Transformation bringen wir das Wissen wieder hervor. Wir sind in der Lage, den lichtvollen Weg unserer Bestimmung und Aufgabe zu erkennen.

Unsere Erfahrungen sind hartnäckig und verfestigt, eingelagert. Es sind die Urüberlebensmuster, welche für unser Leben wichtig sind. Die Muster und Glaubenssätze helfen uns, in der Welt zu überleben. Mit der Spiegelung der unterdrückten Formen der Erziehung und der Begleitung durch unser Umfeld werden die Seelenaspekte wieder sichtbar. Wir verstehen immer mehr die Wichtigkeit der Transformation und die Loslösung aus all den menschlichen Verwirrungen und Verirrungen.

Die Energie des Yin ist unser »Reisekoffer« durchs Leben; wir haben immer die Wahl, den Koffer ohne Ängste und Sorgen zu öffnen, um in unsere Freiheit zu kommen. Durch die Erfahrung unserer inneren Freiheit werden wir zum Licht und leben die spirituelle Weiterentwicklung im Wissen der universalen Aufgabe.

Yang

Das Yang setzt das Wissen des Yin frei. Die Energie des Yang lässt alles Erfahrene und Gelebte an die Oberfläche bringen. Die Bewegung und die Handlung zeigen uns, wo wir stehen und wo der Weg weitergeht. Wenn das Yin in seiner Reinform einmal geöffnet ist, wird das Yang zum wichtigen Übermittler und Umsetzer dieses Wissens.

Das Yang hat die Kraft, die Yin-Energien sicht- und erlebbar zu machen. In Verbindung mit dem reinen Yin und dessen Öffnung verhilft uns das Yang, diese Kräfte auszudehnen und die Reinheit unserer Seelenqualität zu verstehen und umzusetzen.

Der tiefste Wunsch eines jeden Menschen, ob bewusst oder unbewusst, ist die Verbindung zur Seele. Jeder Mensch, auch wenn einige von uns noch nicht in diesem Bewusstsein sind, möchte den eigenen Ursprung erkennen, annehmen und sich selbst in das spirituelle Sein hinein entwickeln.

Der Verlauf der Kundalini-Energie

Die Kundalini-Energie befindet sich sowohl im Inneren des Menschen als auch im Äußeren, dem Universum. Sie durchdringt alles Lebende, Wachsende und sich Wandelnde.
Diese heilige Energie verleiht dem Menschen die Kraft für die Verbindung des spirituellen Seins mit dem menschlichen Sein und des Feinstofflichen mit dem Grobstofflichen.
Die Kundalini-Energie hat die Fähigkeit, alle Energien und Themen aus unserem Wesen hervorzuholen, zu verwandeln und unseren göttlichen Kern zu entfalten.

Es gibt verschiedene Erscheinungsformen der Kundalini-Energie:

- Schlafende Energie: nicht erwachte, schlafende spirituelle Kraft. Symbolisch wird sie als zusammengerollte, schlafende Schlange oberhalb des Wurzel-Chakras dargestellt.
- Erwachende Energie: die Energie wird aktiv, will sich bewegen und beginnt, den »Keller« mit unseren Erfahrungen, Mustern, Glaubenssätzen, Verhaltensweisen und unbearbeiteten Themen in Schwingung und in Resonanz mit unserem Inneren zu bringen.
- Reflexion: Reagieren wir auf die Bewegung der Kundalini-Energie, halten wir Innenschau und sind bestrebt, unsere Masken, Ängste, Verhaftungen, Blockierungen und Verhaltensmuster zu hinterfragen, zu verstehen, loszulassen und zu verwandeln.
- Transformation: Die Arbeit an unseren Themen ebnet der Kundalini-Energie den Weg. Sie steigt entlang der Wirbelsäule zur Stirn auf, zum sogenannten Makara-Point. An diesem Punkt entscheiden wir

uns definitiv für den spirituellen Weg. Der Prozess geht weiter, die Kundalini-Kraft fordert uns auf, weitere Verhaftungen und Muster in noch tieferen Schichten zu bearbeiten.

- Phänomene: Die Kundalini-Energie kann sehr vielfältige und intensive Phänomene auslösen. Diese körperlichen und/oder psychischen Wahrnehmungen können sanft oder radikal und kompromisslos sein. Sie wollen auf anstehende Transformationsarbeiten hinweisen.
- Zugang zur Seele: Tauchen wir vollkommen in den spirituellen Transformations- und Lebensprozess ein, bewegt sich die Kundalini-Energie immer weiter. Sie durchdringt alle Chakren und gelangt in die spirituellen Dimensionen. Der Zugang zur ewigen Seele öffnet sich.
- Gelebte Spiritualität: Wir werden uns unserer Göttlichkeit, unserer wahren Natur bewusst. Wir entwickeln beeindruckende Kräfte und Fähigkeiten. Der Prozess ist damit noch nicht abgeschlossen. Das Ziel und zugleich Geschenk der Kundalini sind die endgültige Befreiung, der innere Frieden und die lebendige Harmonie im Alltag. Gelebte Spiritualität wird selbstverständlich, vollkommen natürlich. Emotionen werden wahrgenommen, ohne darin verhaftet zu bleiben. Befreit von Anhaftungen und Identifikationen gehen wir den Weg der spirituellen Entwicklung mit einem höheren Bewusstsein.

Modell: Der Verlauf der heiligen Kundalini-Energie

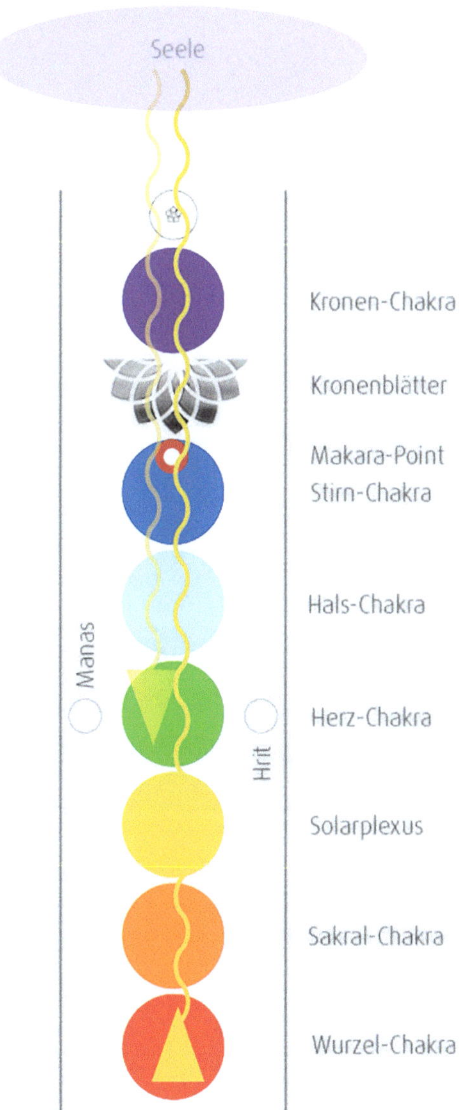

Transformation

Die Entwicklung der eigenen *Spiritualität ist eine angeborene Fähigkeit eines jeden Menschen. Sie erschließt unseren wahren inneren Kern, strebt nach der Ganzheit, dem All-Eins-Sein. Die persönliche Spiritualität gehört zu unserem Dasein wie die Geburt, das physische Wachstum und der Tod. Sie ist ein natürlicher, integraler Bestandteil unserer Existenz.

Frühere Kulturen betrachteten die innere Transformation als einen notwendigen und erwünschten Aspekt des Lebens. Sie entwickelten komplexe Rituale und meditative Praktiken, mit denen sie ihre Spiritualität entdeckten und unterstützten.

Mündliche Überlieferungen, Visionen und Einsichten, die mit dem Prozess des Erwachens einhergehen, wurden in Bildern, Gedichten, Romanen, Musik und den Beschreibungen von Mystikerinnen und Prophetinnen bewahrt.

Unter Transformation verstehen wir einen grundlegenden Wandel, eine Veränderung oder eine Metamorphose. Es ist die Kunst der *Reflexion, wer wir sind und wer wir als spirituelle Wesen sein wollen.

Unsere Seele hat uns mit einer spirituellen Aufgabe auf die Erde gesandt. Wir wählen unsere Eltern und machen uns auf den Weg ins Leben. Auf dem Weg von der geistigen Welt, in die Zeugung und durch die Zeit im Mutterleib werden wir immer materieller und menschlicher. Wir durchleben die Geburt und kommen auf die Erde.

Hier erleben und erfahren wir die Kindheit, die Pubertät und alles, was das Leben so mit sich bringt. All das geht nicht spurlos an uns vorüber.

Wir übernehmen viele Muster und Verhaltensweisen, die wir irgendwie verstehen wollen, bearbeiten und lösen dürfen.

Unser Ziel ist, das Göttliche in uns zu erleben, die Energie zu verstehen, bevor wir Mensch geworden sind. Um den spirituellen Kern in uns zu befreien, haben wir die Möglichkeit der Transformation.

Authentische innere Transformation lässt uns aus begrenzenden Mustern und Glaubenssätzen, psychologischen Konditionierungen und mentalen Strukturen herauswachsen.

Dieser Weg führt uns in die innere und wahre Freiheit, in die spirituelle Ausdehnung und in den Frieden mit unserer eigenen wahren Natur. Die Transformation ist in allen Menschen angelegt, sei ihre Lebenssituation auch noch so verworren.

Die große Angst davor, dass unser Ego stirbt und wir in die Unsicherheit und Einsamkeit fallen, kann nur daraus entstehen, weil wir noch nicht vollkommen in unserem Bewusstsein sind.

Wir können bewusst lernen, zu jeder Zeit ganz in unserem Bewusstsein zu sein.

Das Sterben des Egos bedeutet nur, dass wir zu einem verborgenen Teil unseres Wesens vordringen und authentischer werden.

Das authentische Selbst verbindet uns mit unserer Seele, unserem Seelen-Wissen und dessen universalem Bewusstsein.

Spirituelle Transformation heißt auch:

- Wir haben nicht den Anspruch, alle Antworten zu kennen.
- Wir brauchen Geduld.
- Wir lassen zu, dass wir uns im Unbekannten, im noch nicht Bewussten bewegen.
- Wir erlauben uns, alte Muster und Glaubenssätze zu reflektieren und aufzulösen.

- Wir wissen, dass wir auf die Erde gekommen sind, um uns spirituell weiterzuentwickeln.
- Wir erlauben uns, in ständiger und bewusster Transformation den Alltag zu leben.
- Wir erkennen, dass unser aktuelles Verhalten und unsere heutigen Ideen sich morgen neu darstellen dürfen.
- Wir lernen, uns mit unserer Geschichte zu versöhnen und unserem Weg zu vertrauen.

Der Weg in die Transformation

Jeder Mensch macht eigene Erfahrungen auf seinem spirituellen Weg. Die folgenden Ausführungen sind in einer perfekten Ausdrucksform beschrieben. Sie können als Ausrichtung oder als Ziel dienen, uns in diese Richtung zu bewegen.

Wir setzen uns nicht unter Druck, die Erleuchtung oder das Ziel so schnell wie möglich zu erlangen. Wir erlauben uns, in Demut den Lebensweg zu gehen und uns überraschen zu lassen.

Unser *Seelen-Wissen begleitet uns in absoluter Liebe und Gelassenheit. Auf unserem Weg lernen wir, wach und aufmerksam im Hier und Jetzt zu sein. Unsere Herausforderungen nehmen wir an und treten aus unserem Schatten heraus.

Unser Alltag ist geprägt von unserer Aufrichtigkeit und Wahrheit. Wir begegnen unseren Mitmenschen im Mitgefühl und in der Liebe.

Verletzlicher, sensibler und innerlich stärker, vertrauen wir unserem Wissen und der Verbindung zu unserer Seele. Auf diese Weise können wir auch in schwierigen Zeiten im Vertrauen, in der Gelassenheit und in der Liebe leben.

Auf unserem spirituellen Weg ermächtigen wir uns immer wieder zu reflektieren und zu transformieren. Wir erkennen unser *Seelen-Wesen in der menschlichen, holografischen Form. Unsere alten und gelebten

Werte werden sich auflösen. Neue und transparentere Vorstellungen öffnen unsere Augen und Ohren.

Manchmal ist es sehr schwierig, unsere Lebenssituation zu bewältigen. Die größte Herausforderung ist, immer wieder aufzustehen, weiterzugehen und nicht in der Verletzung verhaftet zu bleiben. Gelingt uns das, kommen wir auf den spirituellen Weg und erkennen unseren Seelen-Auftrag.

Benötigen wir noch Zeit, um zu verstehen, zu verändern und zu transformieren, sind wir nicht bereit oder haben Angst, in dieser Richtung Schritte zu unternehmen, dann haben wir die Freiheit, weiter in unserem alten System zu bleiben.

Es ist unser Recht, zu transformieren, und es ist auch unser Recht, nicht zu transformieren. Das ist ganz allein die Entscheidung eines jeden einzelnen Menschen.

In einer schwierigen Zeit des Erkennens ist es manchmal sehr hilfreich, eine Begleiterin oder einen Begleiter für die Reflexion und die Transformation an unserer Seite zu haben. Mit dieser Hilfestellung und den richtigen Fragen erkennen wir schneller, was sich liebevoll lösen darf.

Der holografische, noch nicht reflektierte Mensch

- keine Vision
- täglicher Kampf ums emotionale Überleben
- Definition über Statussymbole
- sucht Abwechslung in Sucht, Konsum und Party
- Maßlosigkeit und Verschwendung
- kompensiert Emotionen im Außen
- kompensiert Ängste durch Zorn
- Kommunikation beschränkt auf das Ego
- lebt Triebe unreflektiert
- wiederkehrende, gleiche und ähnliche problematische Verhaltensweisen

- unterdrückt Mitmenschen, Tiere und Natur
- wiederholte Verstrickungen in Beziehungsgeschichten und Dramen

Der spirituelle, reflektierte Mensch

- Bewusstheit und Achtung vor dem Leben
- Klarheit im Umgang mit eigenen und anderen Ressourcen
- Differenzierung im Umgang mit Emotionen
- Friedliche und wertfreie Kommunikation
- Gelassenheit und Demut gegenüber dem Leben
- Mitgefühl und Respekt gegenüber sich selbst und den Mitmenschen
- geht transzendent und offen durch den Alltag
- Offene und ungebundene Begegnung mit Menschen, Tieren und der Natur
- Bewusstsein für Transformation
- Bewusstsein für persönliche spirituelle Entwicklung

Die fünf Elemente

Das Element Erde

Meridiane: Mp/Ma

MP: die Erfahrung des Glücks in der Klarheit und im Wissen
Ma: das Glück bewusst leben und umsetzen

Zuordnung: Wurzel-Chakra und Chitrini-Nadi

Das Element Erde entspricht dem Alter von 36 bis 48 Jahren.

Die Erde gibt uns den Boden der persönlichen Entwicklung und des Wachstums. Sie symbolisiert das Fundament all unserer Beziehungen, insbesondere jene innerhalb der Familie. In diesem Element sammeln sich all unsere angelernten Muster und Glaubenssätze. Zugleich ist die Erde die Hüterin unseres gesamten Wissens.

Aus unseren Erfahrungen, Erlebnissen, Haltungen und Wertvorstellungen kreieren wir das Fundament unseres Seins, unseren Lebensbaum. Er dient als Metapher für uns selbst und unser Leben. Seine Wurzeln versinnbildlichen den Halt und die Sicherheit, die wir in der Familie lernen und integrieren.

Die Erde ist der Ort des Wachstums und des Sich-Nährens. In diesem Element erfahren wir erstmals Liebe und Nähe, werden an der Brust der Mutter genährt. Durch Wärme und Geborgenheit, Schutz und Nahrung entwickeln wir unser Vertrauen und Fundament. Fehlen uns diese Erfahrungen in den ersten Lebensmonaten, wirkt sich dies auf unsere Haltung zum Leben und zu unseren Mitmenschen aus.

Der Stamm des Lebensbaumes repräsentiert die Entwicklung unserer Persönlichkeit und wie wir im Leben stehen. Er steht für unser Wachstum, unsere Klarheit, das Geben und das Nehmen und unsere Ressourcen. In unserem Stamm erkennen wir unser Denken, Fühlen und Wahrnehmen.

Die Krone des Lebensbaumes bildet die Verbindung zum Göttlichen, zum *Universum, zur Seele und zu unseren Ressourcen. Durch diesen Zugang erlangen wir Klarheit. Wir erkennen uns selbst und finden uns in unseren Fähigkeiten wieder. Unser Denken wird universal. Wir entwickeln ein Bewusstsein für unser Hier-Sein, für die Verwurzelung mit dem Boden der Erde, und wir erkennen uns als Mittelpunkt unseres Lebens.

Seelisch und energetisch nähren wir uns mit der Erkenntnis, dass wir unseren Lebensbaum durch das eigene Wissen und die eigene spirituelle Entwicklung formen, nähren und wachsen lassen.

Der *Lebensbaum in der Erde ist die Manifestation von uns als Mensch, Zentrum, Aufrichtigkeit und Spiritualität.

Die Energie der Erdkraft kann in Klarheit unsere noch nicht gelöste Thematik aufzeigen.

Modell: Element Erde

Im Element Erde ist unser Lebensbaum.

Alter 1. Zyklus: 36–48 Jahre
Alter 2. Zyklus: 96–108 Jahre

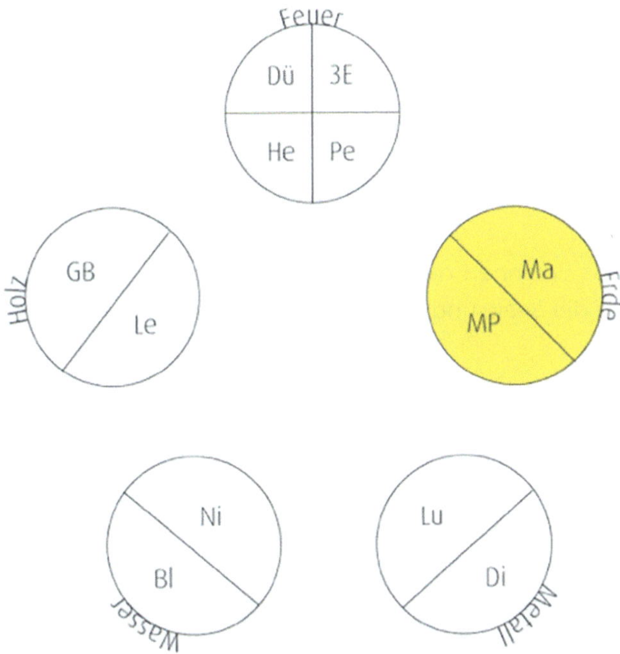

Ausdrucksweise im Element Erde

- Zeugung: geschieht energetisch im Element Erde
- Familie: Sie gibt uns das Fundament, Werte und Normen. Die Erde verkörpert unsere Ursprungsfamilie und das kleinste soziale Umfeld.
- die grundlegenden Überlebensbedürfnisse unseres Körpers: die Pflege, Ernährung und Beziehung zum Körper, die körperliche Ebene der Sexualität, Wärme, Geborgenheit und Sicherheit
- das Verständnis vom Leben: die Lebensstruktur, das Sinngefüge, das Verstehen des Lebensbaumes, Gelassenheit und Urvertrauen

- Erdung: Bodenständigkeit, Demut, die Verbindung zur Erde und der irdischen Welt, Verwurzelung, im Leben stehen, Beziehungen eingehen und sich einlassen
- die innere Erde: das erworbene spirituelle Wissen, die Ressourcen (Fähigkeiten), der eigene Lebensweg und das Transformationsverständnis (das Wissen der Zyklen der inneren und der äußeren Natur), das Verstehen und Akzeptieren, dass alles seine Zeit hat
- die Differenzierung: das Verdauen und Verarbeiten von Informationen und Essenzen und deren Verteilen im System, klares Denken und Handeln, inneres Haus, innere Höhle, innere Ausgewogenheit, innerer Schutz, inneres Verständnis für unsere Wichtigkeit und Unwichtigkeit
- die Klarheit: das Erkennen der eigenen Themen, des Gesetzes der Erde im Spiegel der Seele und des universalen Wissens

Pathologie im Element Erde

- nicht aufgearbeitete Themen aus der Familienstruktur
- grundlegende Überlebensbedürfnisse: im Außen Halt suchen, sich selbst nicht mehr sehen und spüren, Projektion der eigenen egoistischen Bedürfnisse im Außen
- Raubbau an uns, der Natur und unserer Umwelt betreiben
- mangelnde Differenzierung: unverdaute, gärende Geschichten und Themen, Übersäuerung, Grübeln, Verschwörungstheorien, Egoismus, Weltschmerz, Unklarheit, vernebeltes Denken
- innere Erde: die eigenen Ressourcen und Fähigkeiten sowie den Wert des eigenen Weges nicht erkennen
- nicht bei sich selbst angekommen sein

Die Position der Erde in der Mitte der fünf Elemente

Im nachfolgenden Modell ist die Erde in der Mitte, sie ist in der Homöostase und verbindet sich in ihrer Weisheit und Klarheit mit den anderen vier Elementen.

Die Erde beinhaltet das Wissen der Natur, der Verbundenheit und der Anerkennung des Lebens in und mit der Natur.

Wir verstehen uns als Ganzes, wir erkennen die Gesetzmäßigkeiten der Erde und wir empfinden Respekt, Dankbarkeit und Demut gegenüber Mutter Erde und unserem Dasein.

In der Homöostase, dem Gleichgewicht, liegt die Heilung des menschlichen Verhaltens gegenüber dem Planeten Erde, das Geschenk des Nehmens und Gebens. Wir Menschen haben vergessen, die Gaben der Erde als Geschenk anzuerkennen. Durch Ausbeutung wurde die Balance gestört. Das Klima fordert uns zum Handeln und zum Wandel auf.

Modell: Element Erde in der Homöostase
Erde im Zentrum nährt das ganze System

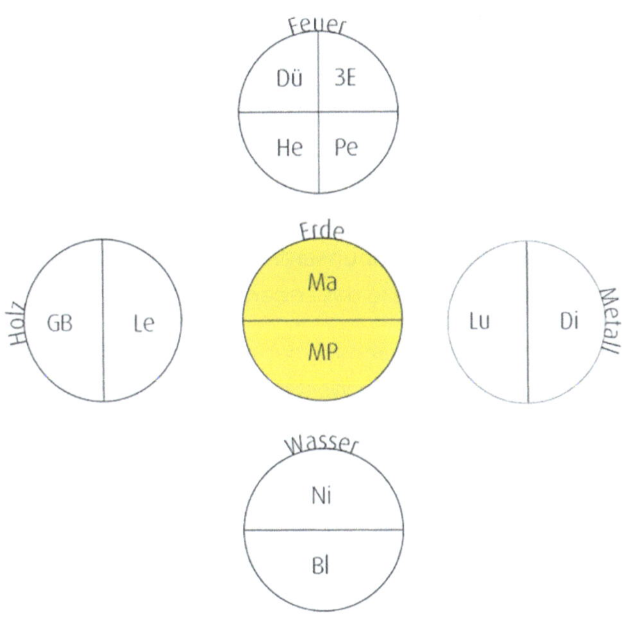

Das Element Metall

Meridiane: Lu/Di
Zuordnung: Herz-Chakra und Sarasvati-Nadi

Lu: das Verstehen unserer inneren Gerechtigkeit
Di: das Loslassen der Verletzungen und die Gerechtigkeit leben

Das Element Metall ist der Schwangerschaft zugeordnet. In diesem Element manifestiert sich die Seele, der menschliche Körper entsteht und wächst. Das Element ist der Architekt des Körpers.

In den ersten drei Schwangerschaftsmonaten leben wir noch in der absoluten Verbindung mit unserer Seele, nach dem vierten Monat verdichten wir uns, der Körper verfestigt sich und die Gefühle der Mutter sinken ein.

Das Seelen-Wissen rückt immer mehr in den Hintergrund. Es ist die Vorbereitung auf die Geburt, die Körperlichkeit und Orientierung des Mensch-Seins zum Erdenwesen.

Während der Zeit der Schwangerschaft übernehmen wir beinahe alles von unserer Mutter, ihre Gedanken, ihre Gefühle, ihre Muster und ihre Glaubenssätze. Wir leben das System unserer Mutter und fühlen zeitgleich mit ihr ihre Welt und so, wie sie das Leben wahrnimmt.

Die Verbindung und Nahrungsaufnahme über die Nabelschnur lassen uns allmählich zu einem menschlichen Wesen heranwachsen. Über das Blut nehmen wir sämtliche wichtigen Stoffe der Mutter auf und entwickeln uns. Auch ihre Hormone beeinflussen unsere Beziehung zu ihr.

Wir spüren alle Emotionen der Mutter, auch jene gegenüber uns als ungeborenes Kind. Durch diese Einflüsse können wir schwere, ablehnende, gestresste und verängstigte oder bereichernde, lehrreiche, fördernde und liebevolle Energien aufnehmen.

Diese Erfahrungen während der Zeit im Mutterleib prägen unser Lebensbild, wie es auf der Erde sein wird, das tiefste Grundgefühl und Grundwissen vom irdischen Dasein.

Nach der Schwangerschaft sammeln wir in allen Elementen Erfahrungen und lernen. Im Alter von 48 bis 60 Jahren erreichen wir erneut einen Lebensabschnitt, der dem Element Metall zugeordnet ist. Dies ist eine Zeit des Erkennens oder des Ausweichens.

Es ist eine Rückerinnerung an die Gefühle und Erlebnisse während der Schwangerschaft, das Verstehen der Verbundenheit mit der Mutter. Wir dürfen uns nochmals bewusst loslösen und die zweite Abnabelung vollziehen.

Wir beschäftigen uns mit Erinnerungen und Gefühlen aus allen Elementen in ihren Ausdrucksweisen. Wir haben die Möglichkeit, diese Gegebenheiten neu zu reflektieren, zu ordnen und zu transformieren.

In diesem Lebensabschnitt durchleben wir häufig heftige Lebenskrisen und Auseinandersetzungen mit unserem bisher gelebten Leben.

Das genannte Spannungsfeld wird uns in vollem Umfang bewusst: die Schwangerschaft, das Erfahren des Lebens, die Transformation des Lebens und des physischen Todes, der größten Transformation überhaupt.

Die Entstehung des Menschen während der Schwangerschaft, der Lebensatem, das Ein- und Ausatmen hängen immanent mit dem Leben und dem Tod zusammen. Das Bewusstwerden der Entstehung und der Auflösung unseres menschlichen Daseins ist zugleich das Verstehen des Zyklischen auf der Erde.

Modell: Element Metall

Im Element Metall sind unsere Schwangerschaft und unsere Transformation.

Alter 1. Zyklus: 0–9 Monate
Alter 2. Zyklus: 48–60 Jahre

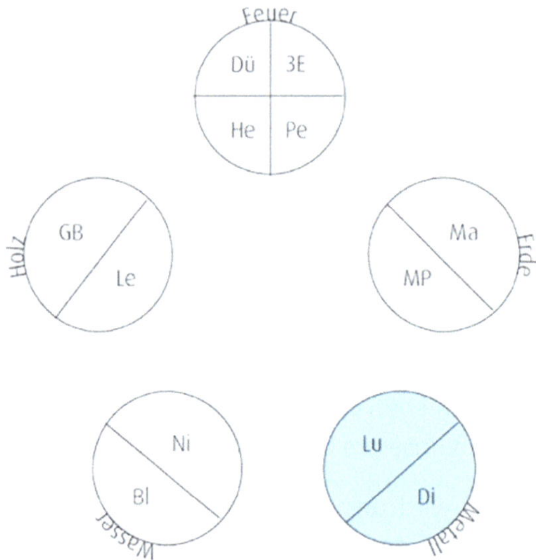

Ausdrucksweise im Element Metall

- Gelassenheit, *ethisches Bewusstsein und Ausgewogenheit
- Erkennen, was transformiert ist, was nicht
- Erkennen, was für mich recht oder unrecht ist
- der Spiegel des inneren Dialogs in meiner Reinheit
- der Dialog mit der inneren Meisterin*, meiner inneren wissenden Instanz und die universelle Verbindung zu meiner Seele, zu mir selbst
- das Wissen um die reine und gewaltlose Sprache, meine Herzenssprache
- das Element der edlen Ritterin*, der inneren Entscheiderin

- das Einstehen in Klarheit für mich und andere Menschen
- die Erfahrungen in meiner Schwangerschaft
- die Atmung
- die Entscheidung, meinen persönlichen Lebensweg zu gehen
- die Transformation der Schwangerschaft, die Transformation des *Lebensbardos und des *Todesbardos

Pathologie im Element Metall

- Unfähigkeit, eigene Entscheidungen zu fällen; Schwierigkeiten, zwischen wichtig und unwichtig zu unterscheiden
- nicht hinsehen wollen oder können
- Resignation und Depression
- Probleme mit der Haut, Erkrankungen der Haut, »aus der Haut fahren«
- Gedankenkarussell
- Verrat: Menschen in den Rücken fallen, andere verletzen, um die eigene Leere und Schmerzen auszuhalten
- messerscharfes Abgrenzen
- Anklage: sich zur Richterin ernennen und andere verurteilen; parteiisch und unfair sein
- verletzende Kommunikation
- Unausgewogenheit
- To-do-Listen; werden diese nicht abgearbeitet, quälen wir uns mit Selbstvorwürfen und verletzen uns dadurch selbst
- Perfektionismus
- Putzwahn, Sauberkeitswahn im Außen, während wir uns im Innen unsauber und ausgetrocknet wie eine Wüste fühlen
- Atemnot, beengendes Gefühl
- den Schein nach Außen wahren, während es im Inneren marode ist
- Alles ist gespeichert (Elefantenhirn), hauptsächlich die Fehler der anderen und unsere Schuldzuweisungen nach außen.
- sich selbst ins rechte Licht stellen
- Betrügereien, raffinierte und ausgeklügelte Kriminalität
- absolute Kontrolle gibt uns Halt
- Kontrolle über andere Menschen gibt uns Halt

Das Element Wasser

Meridiane: Ni/Bl
Zuordnung: Sakral-Chakra und Vajra-Nadi

Ni: das Göttliche in uns erkennen
Bl: die Verbindung zu unserer Seele verstehen und leben

Der Lebensabschnitt des Wassers beginnt mit der Geburt und endet im Alter von 12 Jahren. Es ist das Element des Kindes. Nach der Geburt sammeln wir erste körperliche, sinnliche Erfahrungen mit der Mutter. Wir erleben ihre Nähe, ihren Geruch und ihre Weichheit. Unsere Ohren entwickeln und öffnen sich, wir hören die Stimme der Mutter und des Vaters klar und deutlich.

Als kleine Lebewesen werden wir gewickelt, berührt, geliebt, gebadet und meist durch die Brust ernährt. Der Geruch und Geschmack der Brust prägen den Geruchssinn, schenken Vertrautheit und Wärme.

Nach der Schwangerschaft ist die Geburt die nächste bedeutende Prägung. Wiederentdecktes Wissen ist die Lotusgeburt. Dabei werden die Nabelschnur und die daran hängende Plazenta bei der Geburt nicht abgenabelt, sondern es wird gewartet, bis die Nabelschnur nach drei bis zehn Tagen von selbst abfällt. Solange wird die Plazenta in einem Gefäß oder einer Tasche mit dem Baby getragen. Befürworter der Lotusgeburt gehen davon aus, dass das Baby auch nach der Geburt noch über die Plazenta mit Nährstoffen versorgt wird und ihm dadurch ein leichterer Start ins Leben ermöglicht wird. Das ist ein sanfter und spiritueller Weg, das Kind in dieser Welt willkommen zu heißen.

Als Kleinkinder entwickeln wir uns. Aus tapsenden Schritten werden Hüpfer, aus Brabbeln wird fröhliches Kindergeplapper. Wir kriechen vorwärts, richten uns auf – eine völlig neue Sichtweise, ein Wunderland öffnet sich.

In den ersten fünf Jahren leben wir in der magischen Welt, sind uneingeschränkt mit unserer Seele und dem Universum verbunden. Wir lassen uns von unserer Intuition und Fantasie leiten. Erfahrungen, durchmischt von Nicht-Wirklichkeit und Wirklichkeit, formen die kindliche Realität. Es ist eine reine Energie, mit dem Göttlichen verbunden.

Das Kind lernt jeden Tag Neues und wird immer selbstständiger. Es entwickelt immer stärker seinen eigenen Willen. Damit verbunden sind häufig auch Trotzanfälle, mit denen es seinen Widerwillen deutlich zum Ausdruck bringt.

All das geschieht noch in der magischen Welt. In dieser Form erlebt das Kind während dieser Zeit die Natur, die Familie, die Menschen, die ersten Schritte und das selbstständige Gehen.

Die Entdeckungsreise geht weiter und die Eltern begleiten das Kind (im Idealfall) in seinem Wesen, im Abtauchen in seine Fantasiewelt, in die geheimnisvolle Erlebniswelt der Natur und seiner Umgebung. Die Begegnung und Auseinandersetzung mit anderen Kindern und ihren Erlebniswelten erweitern seine sozialen Erfahrungen.

Zwischen 5 und 6 Jahren verlässt das Kind die *magische Welt und unternimmt erste Schritte in die Dualität. Es begegnet der Gruppe, erfährt die Unterscheidung »ich und die anderen«. In sozialen Kontakten freut es sich auf spielerische Erlebnisse und Freundschaften mit anderen Kindern.

Diese Entwicklungsphase kann auch Ängste auslösen. Die Einschulung beginnt. Es gilt, die gemachten Erfahrungen zu verstehen, daraus zu lernen und immer wieder Neues zu entdecken. Es erkennt, dass jeder Mensch richtig, wertvoll und anders ist. Das ist eine Zeit, die von einem Kind viel fordert.

Wir beschreiben die ideale Form, wie der Mensch aufwachsen kann, um ganz bei sich zu sein, sich zu entdecken und zu einem spirituellen Menschen heranzuwachsen. Er kann sein geplantes Lebensziel natürlich und fortlaufend angehen.

Leider ist das meist nicht möglich, da wir in einer Gesellschaft unterschiedlichster Werte, Normen, Vorstellungen und Ängsten leben. Deswegen entwickeln wir verschiedene bewusste, unbewusste, sichtbare und verdeckte Pathologien.

Nach unseren Prägungen durch die Schwangerschaft und Geburt bauen wir während unserer Kindheit weitere Muster auf. Durch die Erziehungs- und Lebensform der Eltern werden Glaubenssätze und Verhaltensweisen weiter verstärkt.

Mit circa 12 Jahren beginnt die Pubertät. Das Kind verlässt das Wasserelement und wechselt ins Element Holz.

Dem Wasserelement ist ein weiterer Lebensabschnitt zugeordnet: das Alter von 60 bis 72 Jahren. In dieser Wandlungsphase geht es um die Weisheit, Geschichten und Geschehnisse aus der Kindheit, die noch beeinträchtigen und schmerzen, aufzuarbeiten und zu lösen.

Den Weg der Weisheit zu gehen, heißt, den Erfahrungsschatz des Lebens im holografischen Spiegel zur Kindheit aufzuarbeiten, sich zu versöhnen und die Erkenntnis daraus im Leben umzusetzen.

In dieser Zeitspanne befinden wir uns erneut im Zustand der magischen und spirituellen Welt, im Spiegel der Weisheit und der Sinnhaftigkeit des gesamten Lebens. Die magische Welt als 5 Jahre altes Kind haben wir durchlebt; jetzt erfahren wir die spirituelle Welt im Spiegel des 5jährigen Kindes mit der Weisheit unserer Lebenserfahrung.

Das Ziel des Menschen ist die Reifung. Wir können als 60jährige Menschen alles noch nicht Erkannte bereinigen, mit unserer Weisheit verstehen und somit den Sinn des Lebens erfassen.

Diese Reise führt uns nach innen, zu unserem Kern, weg von äußeren Ablenkungen. Hier geht es nicht um Nachholbedarf, es geht um unseren wahren, inneren und spirituellen Weg.

Modell: Element Wasser

Im Element Wasser sind unsere Kindheit und unsere Vision.

Alter 1. Zyklus: 0–12 Jahre
Alter 2. Zyklus: 60–72 Jahre

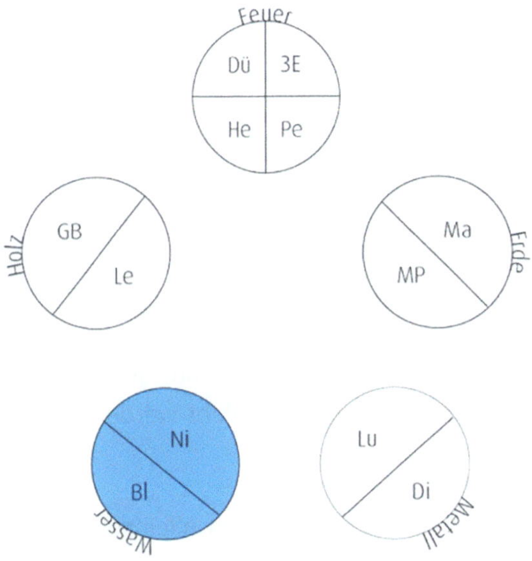

Ausdrucksweise im Element Wasser

- die Geburt, der erste große Schock des Menschen, der Übergang ins menschliche Leben
- der Rahmen und die Umstände, wie wir in diese Welt geboren werden
- sämtliche Kindheitserinnerungen, die gespeichert werden und unsere Lebensform prägen
- der Einfluss von Erziehung, der Eltern, der Lehrpersonen und weiterer begleitenden Menschen im sozialen Umfeld
- kleinkindliche Überlebensform als Kopieren des Verhaltens der Eltern
- die Ermächtigung sich selbst zu werden
- die Sozialkompetenz, Beziehungs- und Bindungsmuster

- die Entstehung der Visionen, was wir im Leben jetzt und später und als Erwachsene auch spirituell erfahren wollen
- sexuelle Fantasien
- das Entdecken des Geschlechts und unsere Vorstellungen, wie wir einmal werden wollen
- das Wahrnehmen als weibliche, männliche oder als anders geschlechtliche Person

Pathologie im Element Wasser

- Angst, Schock, keine Zukunftsvision
- Ohnmacht, ohnmächtige Macht leben (Wunsch nach Macht), im Lebensspiel nicht verlieren können, Anerkennung, Geld bestimmt das Leben, Status und Macht über Reichtum definieren
- bestimmte Position einnehmen, um Macht auszuüben, versteckte Drohungen, Korruption, raffiniertes Verhalten, Hilflosigkeit, Kinderängste, die im Erwachsenenalter wieder gelebt werden
- Abhängigkeit
- Geldproblematik, Macht über Geld ausspielen
- uns schwimmen die Felle davon, Angst vor dem Alleinsein und dem Verlassenwerden
- ohnmächtige Sexualität, verletzende Sexualität, häusliche Gewalt
- Wir machen alles für eine scheinbare Harmonie.
- Manipulation und Missbrauch bestimmter Informationen
- Wir machen alles, um verschiedene Schockzustände nicht zu spüren. Unser ganzes System könnte sonst zusammenbrechen.

Das Element Holz

Meridiane: Le/Gb
Zuordnung: Hals-Chakra und Sushumna-Nadi

Le: das Wissen der inneren Schritte auf unserem Lebensweg
GB: Verstehen und Umsetzen unseres Wissens

Das Element Holz entspricht der Lebensphase von 12 bis 24 Jahren, der Transformation zum Erwachsenwerden. Es ist die Zeit des Loslassens, des Erkennens der eigenen Fähigkeiten und des Umsetzens unserer Visionen.

Als Jugendliche integrieren wir uns mit unserer Persönlichkeit in die Gesellschaft. Wir probieren aus, loten Grenzen aus und gehen in den Widerstand, mit allem, was unserer inneren Überzeugung widerspricht. Unsere Hormone verändern sich, was unsere Gedankenwelt mit neuen Impulsen bereichert. Wir drücken all dies sichtbar aus. Die innere Weisheit findet den Weg ins Außen, in die Gesellschaft.

In der Pubertät realisieren wir, dass wir als Kinder manipuliert und in bestimmte soziale Formen gepresst wurden. Dies löst die erste große Auseinandersetzung aus, sei es mit der Gesellschaft, den Eltern oder dem übrigen sozialen Umfeld. In vielen Situationen fühlen wir uns nur teilweise oder gar nicht wahrgenommen und erkannt.

Als Jugendliche werden wir bewusster, nehmen Situationen und Erfahrungen wahr, die mit unserem Leben, unseren Gefühlen und Gedanken nicht mehr übereinstimmen. Wir fühlen uns orientierungslos, stellen alles infrage oder betäuben die innere Leere und Unsicherheit mit Konsum.

Erfahren wir in dieser Zeit von unserem sozialen Umfeld keinen Halt, sind verzweifelte, lebensmüde Gedanken nicht selten. Wir fühlen uns fehl am Platz, unverstanden, allein. Die gesunde Pubertät sucht Antworten, auch in spirituellen Fragen. Was ist der Sinn des Lebens, warum sind wir hier?

Es ist die Zeit des Aufbruchs zu unserer inneren Meisterin, zu unserer inneren eigenen Meinung und Haltung. Wir lernen und erkennen, wie und wo wir unsere nächsten Schritte gehen wollen. Das bringt uns wegweisende Möglichkeiten für das weitere Leben.

In dieser oft turbulenten Zeit reagieren wir aus der Energie noch nicht transformierter Muster und Glaubenssätze unserer Kindheit. Durch diese Anhaftungen fällen wir oftmals nicht optimale Entscheidungen. Wir wählen unsere Ausbildung und unsere künftige Bestimmung, formen unser Leben. Oftmals stecken wir in dieser Zeit auf der holografischen Ebene fest, sind an Äußerlichkeiten, Erwartungen und Ängste gebunden.

Erste wichtige Begegnungen und Freundschaften, Wünsche und Bedürfnisse manifestieren sich. Wir sind voller Tatendrang, suchen und finden unseren Weg, lösen uns aus alten und gewohnten Verbindungen. Die Klarheit der inneren Meisterin bildet das Fundament. Unsere Idee, weiterzugehen, wird immer konkreter.

Ein weiterer Lebensabschnitt, das Alter von 72 bis 84 Jahren, ist ebenfalls dem Holz zugeordnet. Diese Wandlungsphase ermöglicht uns, mit Weitsicht und Gelassenheit unseren Weg und unsere Berufung nochmals zu reflektieren.

Unsere Hindernisse und zu radikale, undifferenzierte Handlungen sind im Jetzt anzuerkennen und in Demut anzunehmen.

Wir haben in dieser Lebensphase vieles erlebt und durchlebt. Erneut befreien wir uns von Anbindungen an alte Erfahrungen. Im Spiegel unserer Befindlichkeit transformieren wir diese Erlebnisse. Diese Arbeit führt uns in unsere innere Freiheit. Diese Erkenntnis können wir in Weisheit weitergeben, ohne zu belehren.

Den Weg in unsere Freiheit und Weisheit zu gehen, heißt, unsere Erfahrungen der gemachten Schritte und Krisen während der Pubertät aufzuarbeiten und anzunehmen.

Das Ziel des Menschen ist die Bewegung der inneren Meisterin, der tiefe Dialog mit ihr und das Erleben dieser Weisheit.

Modell: Element Holz

Im Element Holz sind die Pubertät und die innere Meisterin.

Alter 1. Zyklus: 12–24 Jahre
Alter 2. Zyklus: 72–84 Jahre

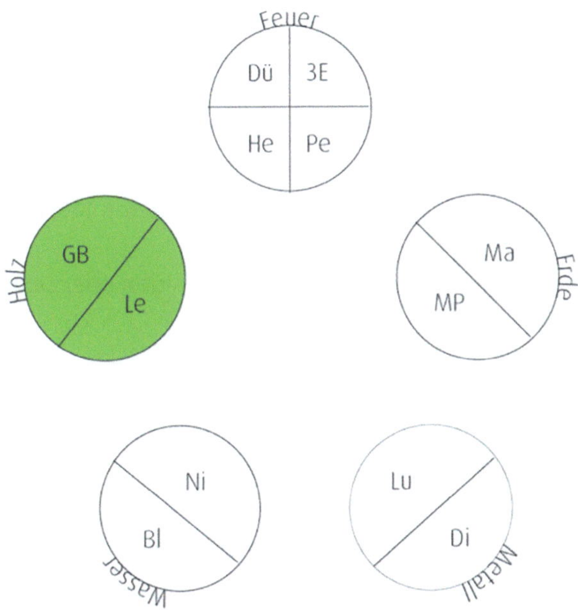

Ausdrucksweise im Element Holz

- Entwicklung der inneren und äußeren Schritte
- Ermächtigung, unsere Schritte zu gehen
- Verwandeln unserer Lebensphilosophie und ihre Umsetzung
- wissen, wohin wir wollen und was wir tun; die innere, bewusste Haltung zum Leben
- Suche der Antwort in uns, Erkennen der Verantwortung für unseren Lebensweg
- das sanfte Integrieren der Hormone in unser Leben, sexuelle Bedürfnisse und Fantasien in Klarheit leben

- innere Meisterin und ihr Wissen über all unsere Inkarnationen
- Erkennen und Fortführen unseres Lebensweges in der Gesamtheit
- Erkennen und Verstehen des universellen Gedankens
- Übergang zum erwachsenen Menschen, die permanente Auseinandersetzung mit uns selbst
- Verstehen und Integrieren der Weisheit beider Geschlechter. Diese Zusammenführung geschieht durch Verständnis, Akzeptanz, Respekt, Würde und die gegenseitige Annahme.

Pathologie im Element Holz

- Wut und Aggression; unbewusste, manipulative und zornige Ausdrucksweisen
- ohnmächtiger Körperkult (z. B. Missbrauch von Steroiden oder sexuellen Handlungen)
- körperliche und psychische Ohnmacht
- Missbrauch von Machtpositionen
- Rechthaberei (bei Widerstand zeigt sich unser »innerer Diktator«)
- Unterdrücken der Feinheit und der Weisheit unserer inneren Meisterin
- Unterdrückung des anderen Geschlechts; manipulative, psychische Gewalt
- Besitzansprüche und Eifersucht, Verlust des Lebenssinnes
- Versinken in der Illusion der Drogen
- Burn-out

Das Element Feuer

Meridiane: He/Dü, Pe/3E
Zuordnung: Solarplexus und Lakshmi-Nadi

He: das Sammeln und Leben der Gefühle
Dü: das Differenzieren der Gefühle und deren Ausdrucksweisen

Das Element Feuer entspricht dem Alter von 24 bis 36 Jahren und ist der Ort des Lebensfeuers. Das Element begleitet uns in die höchste Form, den Höhepunkt des Lebens.

Das Feuer-Element besteht aus zwei Elementen, He/Dü und Pe/3E. Dieser komplexe Zusammenschluss wirkt auf den physischen und den psychischen Körper.

Das Feuer-Element enthält das organische Herz, den gesamten Blutkreislauf und das Hormonsystem. Die verschiedenen Drüsen steuern und verteilen die Hormone im gesamten Körper. Sie sind zuständig für alle Funktionen der Organe und fördern Wachstum und Entwicklung.

Das Feuer-Element hält uns mit dem Blut und dem Schlag des Herzens am Leben. Es ist das Verteilersystem unserer differenzierten und undifferenzierten Gefühle. Es beeinflusst unsere Sexualität und unser gesamtes Sein. Das Feuer ist die Kraft und der Antrieb unseres Körpers, unser Lebenspuls und der Drang nach Wissen.

Das feurige Denken, unsere Begeisterung und Inspiration haben eine direkte Verbindung zu unserer Seele. Deshalb sind wir im Feuer-Element mit dem Seelen-Wissen verbunden.

Die Zunge ist dem Feuer zugeordnet und formt die Worte. Diese sind wohlwollend, berührend und rein. Sie können aber auch sehr verletzend sein.

Unsere Emotionen im Element Feuer sind Ausdrucksweisen, die durch bewusste oder unbewusste Wahrnehmung eines Ereignisses oder einer Situation ausgelöst werden. Unsere Erinnerungen an kleinkindliche Erfahrungen sind stark daran gekoppelt.

Emotionen drücken sich im Affekt oder in unserem subjektiven Fühlen aus. Dadurch entsteht auch das Gefühl, immer aus unserer Befindlichkeit heraus unterscheiden zu müssen. Sind wir in einer positiven Stimmung, reagieren wir wohlwollend. Sind wir in einer schwierigen negativen Stimmung, reagieren wir emotional und ungehalten.

Unsicherheit, Stolz, Melancholie und Begeisterung – all diese Ausdrucksformen lösen physische Reaktionen aus wie Herzrasen oder eine veränderte Mimik.

Durch Transformation lernen wir unsere jeweilige Befindlichkeit wahrzunehmen und einzuordnen. Wir sind in der Lage, diese zu erkennen und zu differenzieren.

Wir verstehen die Art und Ausdrucksweise der Emotionen und sind ihnen nicht länger ausgeliefert. Wir kreieren neue, transformierte Verhaltensmuster und haben dadurch freiere Ausdrucksweisen zur Verfügung. Das Feuerelement umfasst das Bewusstsein des klaren Erkennens und Verstehens der Emotionen.

Modell: Element Feuer

Im Element Feuer sind unsere Emotionen und unsere Power.

Alter 1. Zyklus: 24–36 Jahre
Alter 2. Zyklus: 84–96 Jahre

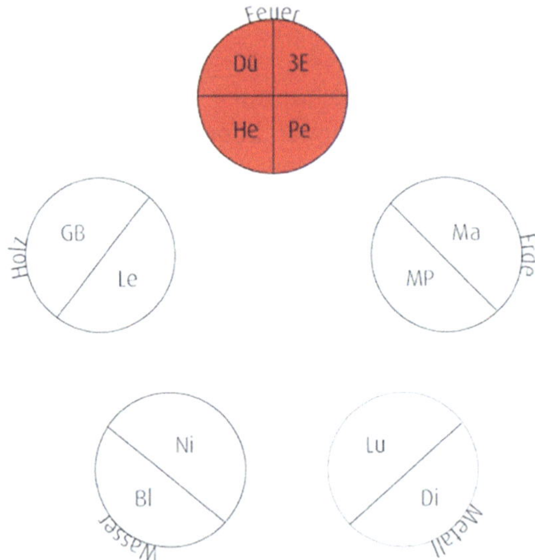

Pe: vermittelt psychologische und emotionale Informationen an die Hormone

3E: verteilt die emotionalen Informationen im ganzen Körpersystem und überwacht das Überbringen

Der 3E steuert, verankert, vernetzt, verletzt oder heilt die Emotionen im gesamten körperlichen System und erhält sie aufrecht.

Der dreifache Erwärmer (3E) hat den Überblick über das gesamte System. Er ist symbolisch gesehen der Lebensbaum des Körpers, das Wurzelwerk, der Stamm und die Krone. Nicht zu verwechseln mit dem spirituellen Lebensbaum im Element Erde.

Der untere Erwärmer steht für die Elemente Wasser und Metall (Wurzeln).
Der mittlere Erwärmer steht für die Elemente Holz und Erde (Stamm).
Der obere Erwärmer steht für das Element Feuer (Krone).

Modell: Dreifacher Erwärmer

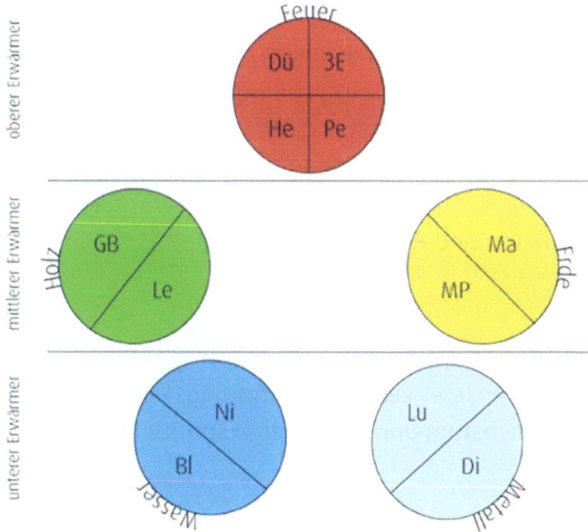

Homöostase des transformierten, holografischen Weges

Mit Homöostase ist ein statischer Zustand von Gleichgewicht gemeint, der theoretisch und fast nicht umsetzbar ist. Wir ersetzten Homöostase mit Kohärenz. Dieser Begriff beschreibt die positive Sicht auf Lebenssituationen und Herausforderungen. Kohärenz ist also eine bewegliche Energieform, die nach Gleichgewicht sucht.

In dem nachfolgenden Modell der Kohärenz ist die Achse vom Tiefsten, das Element Wasser (Ni/Bl), über die Mitte, das Element Erde (Ma/MP), zum Höchsten, dem Element Feuer (He/Dü), dargestellt. Es ist die ausgeglichene und reine Form, den Lebensweg zu gestalten und zu leben.

Die Emotionalität drückt sich über das Wasser-Element in Form von Visionen und Ermächtigung aus. Die Ermächtigung findet den Weg durch die Erde in unsere Grundhaltung, unseren Lebensbaum. Im Element Feuer werden diese Emotionen in ihrer Ausdrucksweise sichtbar, in Form von Entwicklung. Dieser Prozess manifestiert sich in unserem Fundament, in unserer Lebenshaltung.

(Ni/Bl)
Das Wasser symbolisiert die Lebenskerze, die all das karmische Wissen und das Wissen unserer Lebensaufgabe in sich trägt. Sie steht für unsere Lebensenergie und unseren Umgang mit dieser Energie. Aus diesem Wissen heraus haben wir über unser Kronen-Chakra den Zugang zur höchsten Spiritualität. Wir erhalten Feedback von unserer Seele und sind in ständiger Interaktion und Reflexion mit ihr.

(MP/Ma)
Die Erde symbolisiert unseren spirituellen Lebensbaum, sämtliche Ressourcen und die Weisheit unserer Lebensbestimmung. Die aufrichtige Haltung bringt uns ins Wachstum und auf unseren spirituellen Weg.

(He/Dü) und Pe/3E
Im Feuer ist der direkte Zugang zum Juan-Shen, zur ewigen Seele. Hier

geschieht die große Reflexion über die fünf Elemente und das Wurzel-Chakra, das Sakral-Chakra und den Solarplexus.

In der Reinheit unseres Wissens gehen wir den Weg der Befreiung und der ewigen Verbindung.

Modell:
Das System der Kohärenz geht vom Tiefsten über die Mitte zum Höchsten und stellt somit unseren Lebensbaum dar.

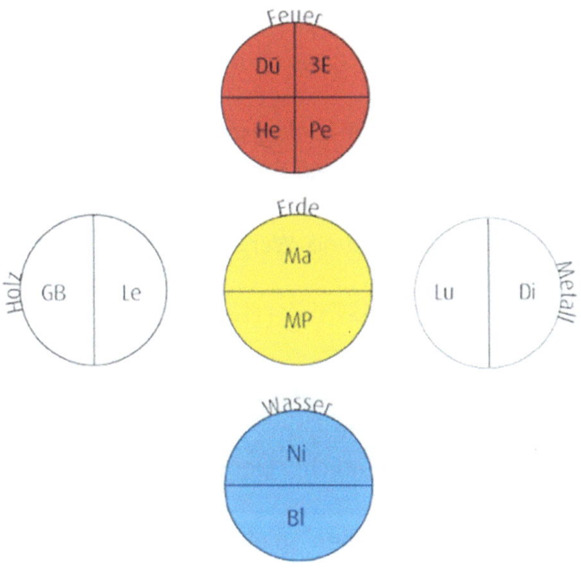

Ausdrucksweise im Element Feuer

- Der Mensch lernt sich über seine Emotionen kennen.
- kontrollierter Umgang mit unseren Emotionen; Differenzierung von eigenen und fremden Emotionen und Erfahrungen
- Begegnung und Umgang mit Menschen auf der Emotionsebene
- Gehen des Lebensweges mit holografischer und spiritueller Kraft
- die Verbindung zur ewigen Seele

- das Umsetzen unserer Visionen
- Schritte im Leben in Güte und mit Herzlichkeit gehen
- reine, aufrichtige Worte
- Liebe, Verliebtheit
- die pure Lebenskraft
- das Bedürfnis, die holografische und spirituelle Welt anzunehmen und zu leben
- aus der Verbindung zum eigenen Wissen leben
- die Farbe und der Ton der Stimme: in der Homöostase klar und hell, in der Pathologie schrill und laut

Pathologie im Element Feuer

- Manipulation über Worte und über physiologische Ausdrucksweisen. Das können Tränen, Selbstmitleid, Mitleid suchende und kompensatorische Handlungen sein.
- Suche nach Aufmerksamkeit, Beachtung, Wertschätzung und Ausleben des Helfersyndroms
- Emotionen, welche aus kleinkindlicher Angst stammen; unreflektierte emotionale Handlungen
- verletzende Worte, manipulierend, gewaltvoll und missbrauchend
- Hinterlist, Verleumdung, Gerüchte, Intrigen
- nicht in der Klarheit sein, mit vermeintlicher Liebe andere verblenden und manipulieren
- mit den Emotionen anderer Menschen spielen; Manipulation und Missbrauch über Tränen, Lachen, Schweigen
- eigene Bedürfnisse durch andere Menschen erfüllen lassen
- falsches Mitgefühl, Drama, sich auslaugen bis zur Erschöpfung, unreflektierte Lebenshaltung

Die Chakren

Das Wurzel-Chakra

Meridiane: He/Dü

Die Meridiane, Herz und Dünndarm (He/Dü), fließen durch dieses Chakra. Unter dem Wurzel-Chakra liegt das Element Erde, in ihm fließen die Meridiane Milz/Pankreas und Magen (MP/Ma).

He: das Sammeln der Gefühle
Dü: das Differenzieren und das Abgrenzen von Gefühlen und deren Ausdrucksweisen

Meridian des Elements Erde: Magen und Milz/Pankreas (Ma/MP)

MP: die Erfahrung des Glücks in der Klarheit und im Wissen
Ma: das Glück bewusst leben und umsetzen

Das Wurzel-Chakra ist der Spiegel und die Erkenntnis aus den Elementen Erde und Feuer. Es repräsentiert die Weisheit unserer Seelen-Energie und die Spiegelung der differenzierten Emotionalität zur klaren Ausdrucksweise unserer Lebensform.

Modell: Wurzel-Chakra

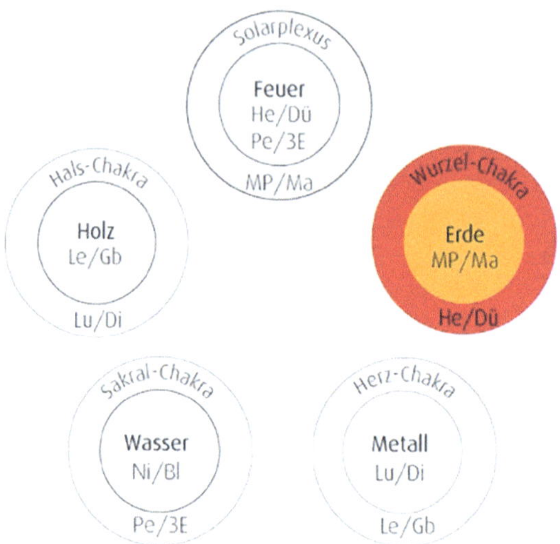

Ausdrucksweise des reinen Wurzel-Chakras

Das Wurzel-Chakra verbindet uns durch unsere Erdung mit dem Körper und somit mit der physischen Welt. Es ist die Grundlage unseres Daseins als Seele in einem Körper. Es ist die Brücke zur körperlichen Welt für das Einlassen der Seele auf die Erfahrung des Inkarniertseins.

Es vermittelt uns ein Gefühl von Sicherheit als menschgewordene inkarnierte Seele. Im Wurzel-Chakra sind wir in Klarheit mit unserer Familiengeschichte und in Verbindung mit unserem Lebensbaum. Wir sind vereint mit dem Tiefsten, den Wurzeln und dem Stamm, sowie mit dem Höchsten, der Krone.

Unsere Erde, unser Fundament, nährt unsere Wurzeln in der Reinheit unserer Gedanken, Gefühle und Handlungen. Wir erkennen unsere Form der Transformation. Es ist unser tiefes Wissen und Vertrauen, uns auf das Hier-Sein einzulassen. Wir öffnen uns dem Leben.

Das Nähren des Lebensbaumes stärkt unseren Stamm, damit wir die Früchte der Weisheit in der Krone wachsen lassen.

In Verbindung mit unseren Wurzeln sind wir standhaft und erlauben uns, die Welt als unsere Mutter anzuerkennen und zu pflegen. Wir sind in Einheit verbunden mit dem Kreislauf des Werdens und Vergehens.

Über unsere Wurzeln gelangen wir an unser Seelen-Wissen. Dieses will entdeckt und integriert werden.

Ausdrucksweise des noch nicht erfahrbaren Wurzel-Chakras

Sämtliche Pathologien zeigen sich auf der Chakra-Ebene im Wurzel-Chakra. Alle diese unbereinigten Themen entspringen dem darunterliegenden Element Erde.

Die Ausdrucksweise der Pathologien, die dem Element Erde entstammen, entwickelt in allen Elementen neue Ausdrucksformen. Durch unsere nicht transformierte und unreflektierte Lebensweise nähren wir unsere Muster und verletzen uns selbst.

Im Spiegel des Wurzel-Chakras zeigen sich unsere Erd-Themen durch egoistisches und selbstgefälliges Verhalten. Wir erkennen unsere Ressourcen, nutzen diese jedoch, um uns Vorteile zu verschaffen. Wir missbrauchen die Natur und unsere Mitmenschen, um unser Fundament zu erhalten.

Unsere Wurzeln und unser Gesamtblick sind getrübt, wir leben unsere Ohnmacht, das Nicht-Verstehen, in einer verletzenden und egoistischen Form aus.

Mit diesem getrübten Blick verdrängen wir die Klarheit. Wären wir klar, würde sie uns zur Reflexion auffordern und uns an unserem Raubbau hindern.

Unsere Früchte – damit sind unsere Visionen, unser Grundwissen, unsere Klarheit und unsere Spiritualität gemeint – vergammeln und werden nicht genutzt. Unser Gesetz heißt Macht. Damit nähren wir unser

Ego. Diese Blindheit verhindert jede Form der Reflexion, die innere Liebe zu uns selbst bleibt tief im Boden stecken.

Fragen, die mich unterstützen können, meine ungelösten Themen zu erkennen:

- Wie stehe ich zu mir? Ist mein Blick nur auf mich oder auch auf andere gerichtet?
- Bin ich mir und anderen gegenüber aufrichtig?
- Spüre ich die Verbindung zu meinem Lebensbaum, zu meinen Wurzeln und zu meiner Klarheit?
- Anerkenne ich meine Ressourcen? Bin ich bereit, damit zu arbeiten?
- Habe ich das Bewusstsein, mich und mein Leben auf dieser Erde anzunehmen, zu integrieren?
- Wie bin ich mit meinen Fähigkeiten und der Erde verbunden?
- Bin ich bereit, meinen Körper energetisch vollkommen zu bewohnen, um mich auf meinen spirituellen Weg zu begeben und meine Spiritualität zu leben?
- Habe ich das Bewusstsein der Transformation?
- Bin ich bereit, meinen Kindern und Mitmenschen in der Klarheit des Wissens zu begegnen und sie zu führen?

Das Sakral-Chakra

Meridiane des Chakras: Pe/3E

Die Meridiane, die durch dieses Chakra fließen, sind Perikard und dreifacher Erwärmer (Pe/3E). Unter dem Sakral-Chakra liegt das Element Wasser, in ihm fließen die Meridiane Niere und Blase (Ni/Bl).

Pe: Er vermittelt über die Hormone psychologische Informationen, welche sich im Körper verteilen oder zu den Organen gelangen.

3E: Er ist die Ausdrucksweise des Perikards. Er verteilt die Informationen an alle drei Erwärmer – den oberen, den unteren und den mittleren Erwärmer – in das gesamte Körpersystem.

Meridiane des Elements Wasser: Ni/Bl

Ni: das Göttliche in mir erkennen und leben
Bl: die Verbindung zu meiner Seele erfahren

Das Sakral-Chakra ist der Spiegel und ermöglicht die Erkenntnis aus dem Element Wasser und Feuer. Die Weisheit unserer Seelen-Energie bringt uns den Gedanken und die Vision vom Sinn des Lebens, unserem Dasein. Durch das Kronen-Chakra sind wir mit unserem Seelen-Wissen, unserer Sozialität und unserem Gesellschaftsbewusstsein verbunden.

Modell: Sakral-Chakra

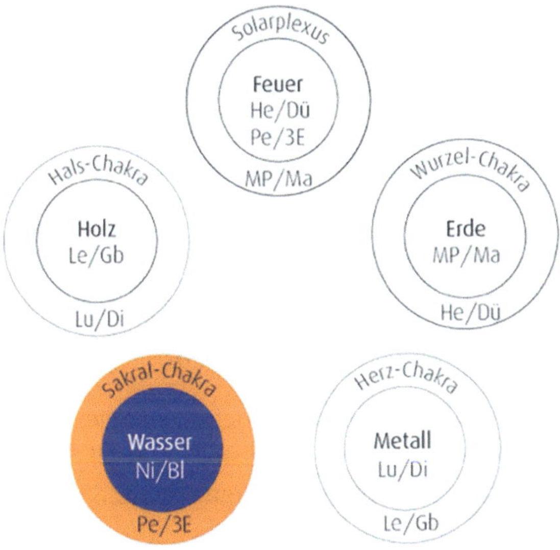

Ausdrucksweise des reinen Sakral-Chakras

Im reinen Spiegel des Sakral-Chakras erleben wir uns mitfühlend, verstehend und ausgewogen gegenüber der Gesellschaft. Wir sind in Verbindung und wahren dennoch eine gesunde, emotionale Distanz. Das

Sakral-Chakra ist ein spirituelles Chakra, seine Energie steht in direkter Kommunikation mit dem Kronen-Chakra.
Diesem Chakra ist unser Seelen-Bewusstsein zugeordnet, das Bewusstsein unserer Inkarnationen, unseres direkten spirituellen Weges durch das Kronen-Chakra (NI/BL) hin zu unserer Seele. Die Qualität und Öffnung der spirituellen Energie und das tiefe Wissen der Nierenenergie sind das große Geschenk des Universums für unsere tiefgreifende Transformationsarbeit.

Erfahren wir das Sakral-Chakra in seiner Reinheit, ergibt die Wertung anderer Menschen keinen Sinn mehr. Wir denken global und sind verbunden mit der gesamten Menschheit. Wir öffnen uns dem Spiegel des Verstehens, dass wir spirituelle Wesen sind.
Wir entwickeln eine bewusste und edle Haltung zur Menschheit und Natur. Anstelle der Abspaltung wählen wir die geistige Öffnung zu allen Lebewesen. In dieser Energie zeigen sich unsere Visionen und die Zusammenhänge des großen Ganzen.
Daraus entsteht eine Form der reinen Vergebung für uns selbst. Wir öffnen uns in Klarheit für unseren Lebensfluss, unsere ursprüngliche Lebenslust und Schaffenskraft. Sinnlichkeit und Leidenschaft sind in tiefer Verbindung mit uns selbst.

Ausdrucksweise des noch nicht erfahrbaren Sakral-Chakras

Wir sind im absoluten Egoismus und Narzissmus gefangen. Alles dreht sich ausschließlich um unsere Bedürfnisse. Wir verstehen uns als Nabel der Welt und meinen zu wissen, wie sie funktionieren müsste.

Im sozialen Umfeld grenzen wir uns durch unsere Ich-Bezogenheit ab, wir streben gierig nach Besitz, Macht, Geld und Anerkennung.

In unserer Ohnmacht gefangen, kreieren wir eine Machtposition und überdecken damit unsere Autoritätsgläubigkeit. Wir fühlen uns unselbstständig, benötigen Führung. Wir wünschen uns jemanden, der uns sagt, was richtig und was falsch ist.

Wir empfinden wenig Empathie für anderen Menschen und Lebewesen. Wir üben körperliche und psychische Gewalt aus, wollen besitzen und Reichtum anhäufen. Wir fürchten uns vor unserem eigenen Weg.

Die aufgeführten Themen können sichtbare oder sehr subtile Ausdrucksformen annehmen. Sie können bewusst oder unbewusst in Erscheinung treten. Wir können leise und raffiniert unsere Machtposition aus der Ohnmacht heraus leben, indem wir beispielsweise kleinkindliche Verhaltensmuster zeigen.

Fragen, die mich unterstützen können, meine ungelösten Themen zu erkennen:

- Wie trete ich als Frau oder Mann mit dem anderen Geschlecht und anderen Menschen in Beziehung?
- Wie positioniere ich mich in ethischen Fragen in Bezug auf Natur, Mensch und Umwelt?
- Anerkenne ich mich selbst? Arbeite ich mit Schuldzuweisungen?
- Welche Haltung nehme ich im alltäglichen Umgang mit mir selbst ein? Ist sie verantwortungsvoll, annehmend und liebend?
- Kann ich zuhören, bin ich wertfrei und interessiert an meinem Gegenüber?
- Kann ich andere Menschen lieben, annehmen und verstehen?
- Wie ist meine Haltung zu meiner Sexualität?
- Wie lebe ich meine Spiritualität und wie definiere ich sie?
- Habe ich das Bewusstsein, mich selbst zu reflektieren?
- Weiß ich, was loslassen bedeutet? Gebe ich mich dem steten Wandlungsprozess hin?
- Habe ich das Bewusstsein und die Bereitschaft, meinen Lebensbaum zu verstehen?
- Habe ich den Mut, meinen tiefsten Ängsten und Abgründen zu begegnen?

Der Solarplexus

Meridiane des Chakras: Mp/Ma

Die Meridiane, die durch dieses Chakra fließen, sind Milz, Pankreas und Magen (Mp/Ma). Unter dem Solarplexus liegt das Element Feuer, in ihm fließen die Meridiane Herz und Dünndarm (He/Dü).

MP: die Erfahrung des Glücks in Klarheit und im Wissen
Ma: das Glück bewusst leben und umsetzen

Meridiane des Elements Feuer He/Dü

He: das Sammeln der Gefühle
Dü: das Differenzieren und das Abgrenzen von Gefühlen und deren Ausdrucksweisen

Der Solarplexus ist der Spiegel und die Erkenntnis aus den Elementen Erde, Wasser und Feuer. In diesem Spiegel erkennen wir die Weisheit unserer Seelen-Energie, den spirituellen Aspekt der Verbindung mit uns selbst. Wir reflektieren unseren Lebensalltag und unsere Spiritualität.

Modell: Solarplexus-Chakra

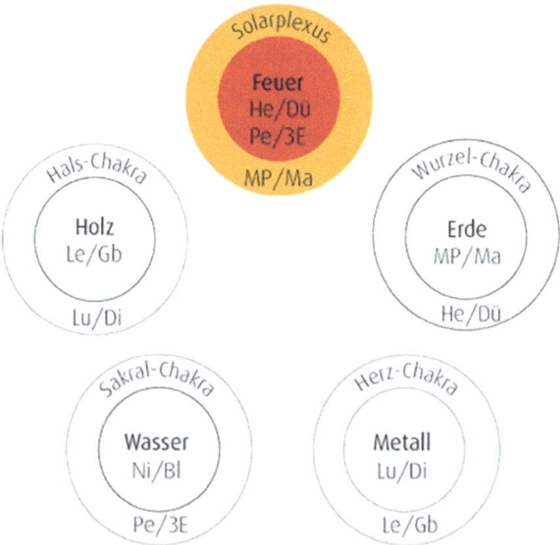

Ausdrucksweise des reinen Solarplexus

Die Erfahrungen, die im Solarplexus verarbeitet werden, sind mentale Gedankenformen. Der Solarplexus ist der Sitz unserer Persönlichkeit. In ihm werden die Themen der Verwurzelung und das Urvertrauen aus dem Wurzel-Chakra, die Flexibilität, Lebenskraft und emotionale Ausgeglichenheit des Sakral-Chakras verarbeitet und transformiert.

Der Solarplexus hat eine doppelte Spiegelfunktion. Er spiegelt sowohl unsere holografische, menschliche wie auch unsere spirituelle Sichtweise.

Der holografische Spiegel bereinigt sichtbar unsere allzu menschlichen Befindlichkeiten. Er hilft uns zu verstehen, dass das Leben nicht nur Überleben bedeutet, sondern eine Aufforderung zur Transformation und zum Erfahren des spirituellen Weges unserer Seele ist.

Der spirituelle Spiegel zeigt uns den Seelenweg durch die außerkörperlichen Chakren. Das 11. Chakra ist das spirituelle Herz-Chakra und ist ein wichtiges Referenz-System mit einer direkten Verbindung zur Seele. Die daraus entstehende Energie verändert unsere Sichtweise und fließt als Seelen-Energie direkt in uns ein. Sie unterstützt uns darin, unser menschliches Dasein in seiner Weisheit zu verstehen und anzunehmen.

Diese Weisheit hilft uns, in Demut zu transformieren und unnötige Befindlichkeiten zu lösen. Wir finden einen Weg, uns selbst und unseren Mitmenschen in Wertschätzung zu begegnen. Wir sehen nicht nur Unzulänglichkeiten, wir erkennen den spirituellen Kern, das Gute, das spirituelle Licht.

Wir beobachten uns und horchen auf unsere innere Stimme; wir erkennen, wer wir sind. Unsere gesamte Lebensform in ihrer Ausdrucksweise wird hier in Liebe gespiegelt.

Es ist die Weisheit unserer Seelen-Energie auf dem Weg zur inneren Transformation und Annahme. Wir sehen unseren Lebensbaum in seiner vollen Größe und wissen um unsere innere Sicherheit. Wir beginnen die Beziehung zu unserer inneren wahren Natur zu verstehen.

Unsere Gefühle und Erfahrungen werden in die Identität einer gesunden Persönlichkeit integriert. Diese Transformationsarbeit kann sich in Form von Selbstbewusstsein, Klarheit, Kraft und Handlungsfähigkeit ausdrücken.
Der Spiegel des Solarplexus ist der Übergang und das Fundament auf dem Weg vom holografischen ins spirituelle Bewusstsein. Wir fürchten uns nicht mehr vor Transformationsprozessen und der Begegnung mit uns selbst.

Die Arbeit der Transformation im Spiegel des Solarplexus bedeutet das bewusste Gestalten des eigenen Lebens. Gefühle und Lebenserfahrungen werden integriert. Unser grundlegendes Fundament wird gereinigt, unsere Emotionalität ist differenziert.

Ausdrucksweise des noch nicht erfahrbaren Solarplexus

Die Ausdrucksweise unserer Emotionalität ist undifferenziert. Wir sind verbittert, unzufrieden und bemitleiden uns selbst. Wir führen einen Schatten-Kampf, mit uns und anderen Menschen.

Oft ist diese Verbindung zu uns selbst von Verweigerung, Ablehnung, Wut und Angst überschattet. Die Auseinandersetzung mit den eigenen Themen ist unbequem und anstrengend. Wir lenken die Aufmerksamkeit gerne auf die Verhaltensweise unserer Mitmenschen, um die eigene Haltlosigkeit und Unzufriedenheit nicht spüren zu müssen.

Wir suchen Schuldige im Außen und ärgern uns über vieles, was von außen kommt. Unser mangelndes Selbstbewusstsein kompensieren wir durch Manipulation. Unsere inneren Schritte sind schleppend und wir empfinden uns als ruhelos und ermüdend.

Durch die Spiegelung erkennen wir in der Klarheit der reinen Emotionen, welche Themen noch anstehen.

Der Weg der Reflexion auf der Elemente-Ebene

Wollen wir den Solarplexus verstehen und uns in die Reflexion hineinbegeben, sollten wir den Weg der grundlegenden Elemente verstehen.

Das Element Erde Mp/Ma kontrolliert das Element Wasser Ni/Bl. Der Kontrollzyklus will die Entwicklung und das Wachstum unserer Sozialität und die Entfaltung des Lebensbodens sicherstellen.

Das Fundament des Menschen bilden Erde, Wasser und Feuer. Das Element Erde kontrolliert das Wasser-Element. Es erkennt die Emotionen aus der Kindheit und späteren zwischenmenschlichen Beziehungen. Das Wasser-Element steht immer auch in Verbindung mit dem Solarplexus und dem Kronen-Chakra.

Das Kronen-Chakra schenkt uns den spirituellen Spiegel, die spirituelle Sicht auf die Dinge. Es steht für die Weisheit des Höchsten, des

Göttlichen und – durch die Verbindung zum Sakral-Chakra und Wasser-Element – die Weisheit des Tiefsten, unser gesamtes Wissen.

Die nicht bereinigten Themen blockieren uns und wollen geklärt werden, damit wir unseren spirituellen Weg erkennen und beschreiten können.

Modell: Der Weg der Reflexion in den Elementen

Erde, Wasser, Feuer, das holografische Fundament, welches mit Emotionen kontrolliert und nährt

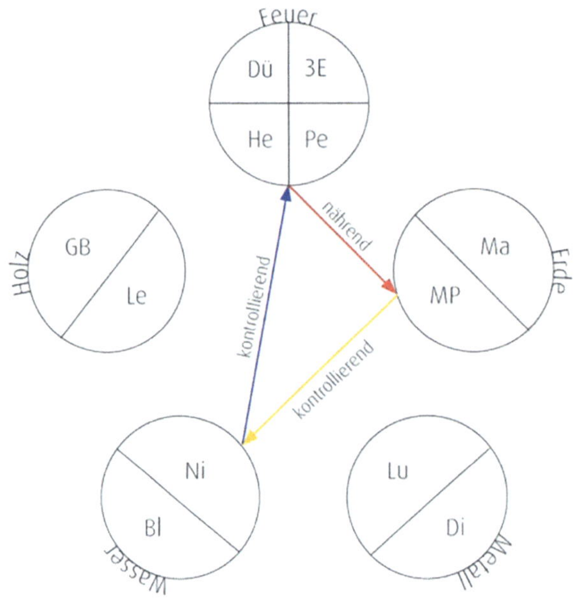

Der Weg der Reflexion auf der Chakra-Ebene

Das Wurzel-Chakra spiegelt in seiner Weisheit von He/Dü unsere Aufgaben zur Erlangung innerer Klarheit im Element Erde (MP/Ma).

Das Sakral-Chakra spiegelt in seiner Weisheit von Pe/3E das gesamte Körpersystem mit seinen physiologischen Prozessen.

Diese Arbeit der Spiegelung und des Verstehens wird vom Solarplexus überwacht und gefördert.

Die Chakren – Solarplexus (MP/Ma) und Wurzel-Chakra (He/Dü) – und die Elemente – Feuer (He/Dü) und Erde (MP/Ma) – sind mit denselben Meridianen verbunden.

Die Themen Klarheit, Emotionen und Differenzierung sind auf eine bestimmte Weise miteinander verknüpft. Dadurch können die Themen grundlegend und in Reinheit reflektiert werden.

Die Meridiane des Solarplexus (MP/Ma) reflektieren in ihrer Klarheit die Emotionen des Elements Erde (MP/Ma). Sie zeigen auf, welche Themen noch nicht erkannt und transformiert sind.

Das Wurzel-Chakra deckt durch die reinen Gefühle im Erd-Element Unklarheiten beim bewussten Menschen auf.

Das Wurzel-Chakra und der Solarplexus spiegeln einander und tauschen sich stets aus.

Werden die grundlegenden, emotionalen Themen nicht gelöst, bleibt der Spiegel des Solarplexus blind und der Prozess der Herzöffnung kann nicht erfolgen.

Modell: Der Weg der Reflexion in den Chakren

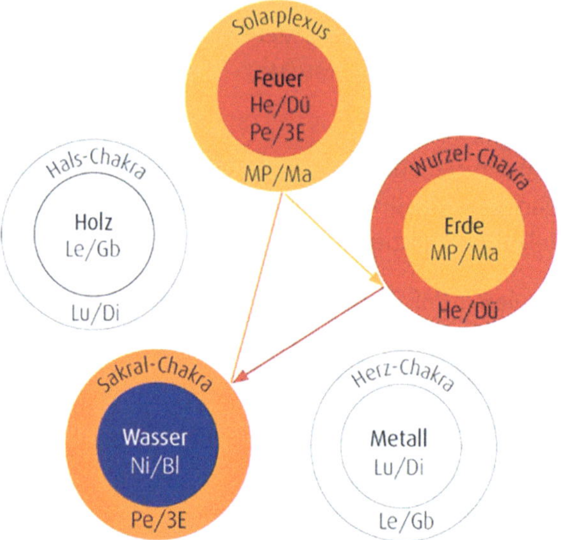

Fragen, die mich unterstützen können, meine ungelösten Themen zu erkennen:

- Bin ich bereit, mich aufrichtig zu reflektieren?
- Kann ich mir selbst begegnen?
- Habe ich Zugang zu all meinen Emotionen?
- Kann ich meine wiederkehrenden und unangenehmen Verhaltensweisen erkennen und verstehen?
- Bin ich fähig, mich zu reflektieren, ohne in Schuldzuweisungen nach außen zu verfallen?
- Kann ich mein bisheriges Leben reflektieren und meine Themen in liebevoller Gelassenheit transformieren?
- Bin ich bereit, etwas in meinem Leben zu verändern, um Neues zu integrieren?
- Habe ich den Mut, meine Ohnmacht zu erkennen und zu verändern?
- Lebe ich oder überlebe ich nur?

- Traue ich mich, Wachstumsschritte außerhalb meiner Komfortzone zu machen?
- Wage ich den Schritt in die Spiritualität?

Das Herz-Chakra

Meridiane des Chakras: Le/GB

Sarasvati-Nadi ist dem Herz-Chakra zugeordnet. Die Meridiane, die durch dieses Chakra fließen, sind Leber und Gallenblase (Le/GB). Unter dem Herz-Chakra liegt das Element Metall, in ihm fließen die Meridiane Lunge und Dickdarm (Lu/Di).

Le: das Wissen der inneren Meisterin
GB: das Verstehen und Manifestieren unseres Wissens

Meridiane des Elements Metall: Lu/Di

Lu: das Verstehen unserer inneren Gerechtigkeit, unsere innere Ethik
Di: das Loslassen der Verletzungen und die Gerechtigkeit leben

Das Herz-Chakra ist der Spiegel und die Erkenntnis aus den Elementen Metall (edle Ritterin) und Holz (innere Meisterin). Es ist die Weisheit der Seelen-Energie, unserer Demut und unseres Mitgefühls.

Modell: Herz-Chakra

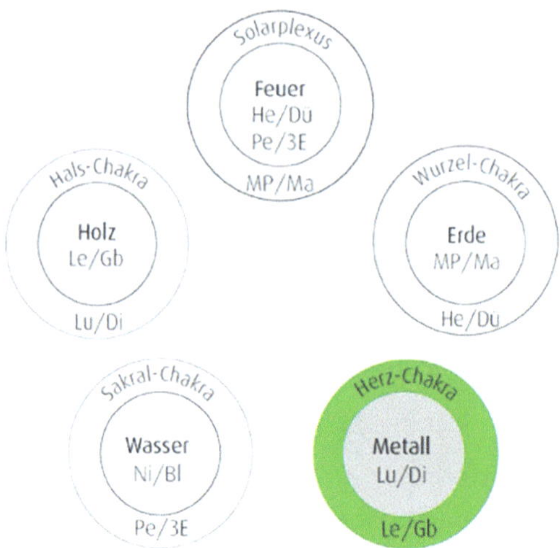

Ausdrucksweise des reinen Herz-Chakras

Im offenen Herz-Chakra entwickeln wir unsere Fähigkeit zur bedingungslosen Liebe und Hingabe. Wir erkennen immer klarer unsere wahre Natur.

Im Herz-Chakra ist die reine, universelle Liebe unserer Seele zu Hause. Sie akzeptiert alle Menschen und Ereignisse wertfrei.

Sie ist die Ausdrucksweise zum Raum der Einheit. Das geöffnete Herz-Chakra erlaubt uns, unsere Biografie neu zu verstehen und aus Verurteilungen herauszutreten. Wir können uns mit unserem Leben, mit uns selbst und mit anderen Menschen in Liebe versöhnen.
Die erste spirituelle Verbindung führt von unserem Herz-Chakra zum außerkörperlichen 11. Herz-Chakra. Es ist der erste spirituelle Bezug, der uns in eine neue Form der Transformation bringt.
Im Herz-Chakra finden die Kommunikation und die Spiegelung zwischen der inneren Meisterin und der edlen Ritterin statt. Die innere Meisterin spiegelt grundsätzliche Themen, wie unsere Lebensaufgabe

und spirituelle Themen wie den Weg der Öffnung zum universellen Verstehen und der Ganzheit des Mensch-Seins. Die edle Ritterin deckt Muster und Verhaltensweisen in der Kommunikation mit der inneren Meisterin auf.

Ausdrucksweise des noch nicht erfahrbaren Herz-Chakras

Die Herzensliebe und Herzensgüte sind auf holografischer Ebene oft an Emotionen gebunden, die sehr einengend sind. Diese Emotionen sind mit allen möglichen Erfahrungen, Vergangenem, Mustern und Glaubenssätzen verknüpft.

Unser Mitleid mit anderen Menschen verwechseln wir oft mit Liebe und Herzensgüte. Es sind jedoch unbewusste Übergriffe, die geschehen, weil wir uns verpflichtet fühlen, anständig zu sein und zu helfen. Wir sind anderen Menschen gegenüber höflich und vergessen dabei uns selbst. Wir machen alles, um Liebe, Anerkennung und Beachtung zu erhalten.

Die Liebe zu uns selbst wird oft als egoistisch und unwürdig angesehen. Dahinter verbergen sich viele versteckte Glaubenssätze und Ängste.

Es erscheint uns schwierig, uns selbst zu lieben und anzunehmen. Wir sind zu penetrant, zu kleinlich und viel zu kritisch mit uns selbst.

Wir tendieren in unserer Verletztheit dazu, an alten Geschichten festzuhalten, sie wieder aufzurollen, zu nähren und nicht loszulassen.

Das hindert uns daran, den Menschen neu zu begegnen und sie anzunehmen, wie sie sind. Viele Menschen kennen diese Verhaltensmuster nur zu gut.

Sie fürchten sich jedoch vor dem Alleinsein oder vor einer Veränderung der vertrauten Beziehung. Sie scheuen sich davor, aus ihrer gewohnten Komfortzone herauszutreten.

Funktion des Manas und Hrit im Herz-Chakra

Im Herz-Chakra beginnt die Entwicklung aus den holografischen Verstrickungen in eine echte Qualität der Liebe und des Mitgefühls. Die befreite Liebe, die Leere, Demut und Gelassenheit können erfahren werden.

Im Herz-Chakra befinden sich die spirituellen Neben-Chakren Manas und Hrit. Sie kommunizieren miteinander und tauschen wichtige Informationen über noch nicht transformierte Themen aus.

Manas und Hrit arbeiten als Spiegel für das gesamte holografische/spirituelle Chakra-System.

Die Energie von Manas steigt vom Herz-Chakra zu den Kronenblättern, welche unsere tiefgreifenden spirituellen Lebensthemen enthalten. Die Kronenblätter sind unsere spirituelle und holografische Bibliothek des Wissens.

Zurückkommend von den Kronenblättern fließt Manas durch das universelle Wissen des Stirn-Chakras zum universellen Verstehen des Hals-Chakras und zum spirituellen Mitgefühl mit uns selbst im Herz-Chakra. Hier begegnet die Energie des Manas der Energie des Hrit.

Die Energie des Hrit sinkt ins Wurzel-Chakra ab und steigt durch das Sakral-Chakra und den Solarplexus wieder auf zurück ins Herz-Chakra und trifft dort auf Manas. Das ist ein fortwährender Kreislauf.

Im Herz-Chakra wiederum werden uns die noch offenen Themen der ersten drei Elemente und Chakren bewusst. Das spirituelle Bewusstsein erkennt, welche Muster, Themen und Probleme im Fundament noch nicht verstanden wurden, und ermöglicht weitere Transformationsarbeit. Der Austausch der Themen findet im Mitgefühl zu uns selbst im Herz-Chakra statt.

Das Zusammenspiel von Manas und Hrit ist ein grundsätzliches Transformationssystem, das im Körper jederzeit aktiv ist. Die Transformation wird möglich, wenn wir Mitgefühl für uns empfinden. Auf diese Weise befreien wir uns von unseren inneren Widerständen.

Durch das Erkennen und Transformieren reinigen sich die Kronenblätter und generieren Kundalini-Wasser in den verschiedenen Chakren. Je bewusster wir transformieren, umso mehr Qualität hat dieses Transformationssystem.

Modell: Grundsätzliche Transformation von Manas und Hrit

Eine spirituelle Form der Transformation

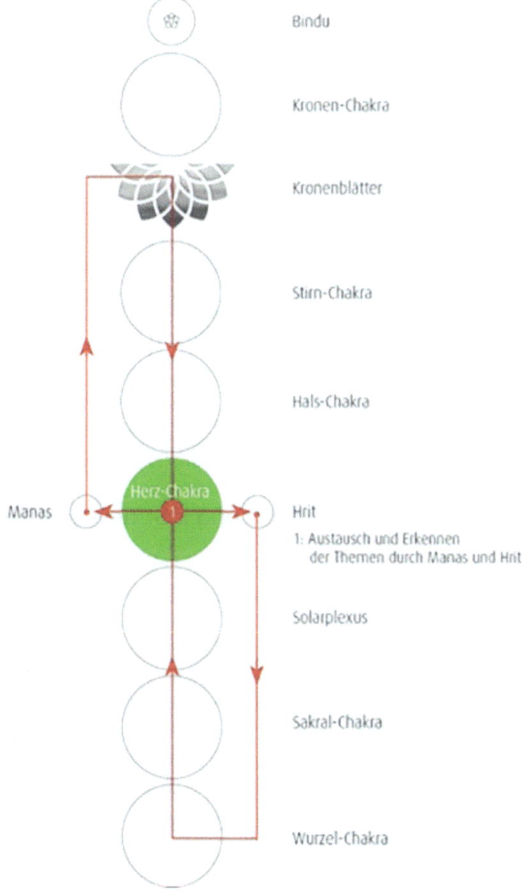

Fragen, die mich unterstützen können, meine ungelösten Themen zu erkennen:

- Kann ich mich lieben?
- Kann ich Mitgefühl entwickeln?
- Bin ich bereit, meine Emotionen zu spiegeln?
- Erlaube ich mir, demütig zu sein?
- Bin ich bereit, den spirituellen Weg zu gehen?
- Kann ich Ängste annehmen und loslassen?
- Bin ich bereit, mich hingebungsvoll zu öffnen?
- Bin ich bereit, meinen inneren Dialog in Frieden zu führen?

Das Hals-Chakra

Meridiane des Chakras: Lu/Di

Sushumna-Nadi ist dem Hals-Chakra zugeordnet. Die Meridiane, die durch dieses Chakra fließen, sind Lunge und Dickdarm (Lu/Di). Unter dem Hals-Chakra liegt das Element Holz, in ihm fließen die Meridiane Leber und Gallenblase (Le/Gb).

Lu: das Verstehen unserer inneren Gerechtigkeit
Di: Die edle Ritterin bereinigt die Verletzungen und lebt die Gerechtigkeit.

Meridiane des Elements Holz: Le/Gb

Le: das Wissen der inneren Meisterin
GB: das Verstehen und Manifestieren unseres Wissens

Das Hals-Chakra ist der Spiegel und die Erkenntnis aus den Elementen Holz und Metall. Es ist die Weisheit unserer Seelen-Energie, die Weisheit der gewaltfreien Kommunikation. Durch die Verbindung der edlen Ritterin mit der inneren Meisterin erkennen wir die universelle Spiritualität.

Modell: Hals-Chakra

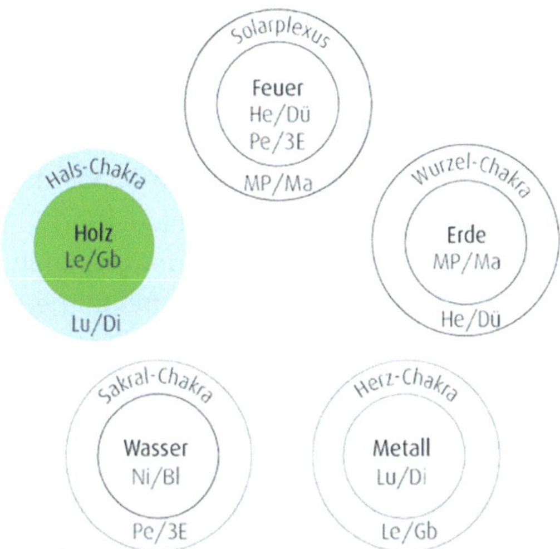

Ausdrucksweise des reinen Hals-Chakras

Das Hals-Chakra ist die Quelle der Verständigung und unsere spirituelle Kommunikationsfähigkeit. Befindet sich das Hals-Chakra in der Ausdehnung, kommunizieren wir ohne emotionale Anhaftungen. Wir erleben in der Begegnung die Emotionen jedes Mal neu und knüpfen nicht an vergangene Erfahrungen an. Wir sammeln und horten keine unverarbeiteten Emotionen mehr. Diese Ausdrucksweise in der Weisheit benötigt sehr viel Bewusstsein und ein konsequentes Lernen des Loslassens. Wir verstehen den göttlichen Plan und unsere Lebensaufgabe.
Das Chakra verarbeitet Erfahrungen des Selbst-Ausdrucks, besonders des Ausdrucks unserer höchsten persönlichen Wahrheit, die aus der Seelen-Energie kommt. Es ist das universelle Verstehen, das Erahnen der Größe und der Weisheit der göttlichen Energie.
Die Sichtweise geschieht aus dem Universalen und Unendlichen heraus. Wir haben die Möglichkeit, diese Erfahrung sichtbar und erfahrbar werden zu lassen, sie mit unserer Umwelt zu teilen.

Das Hals-Chakra verbindet uns mit dem höheren, transpersonalen Verstand. Es beinhaltet die Herzenssprache und das Erkennen des universalen Zusammenhangs. Das vernetzte Denken wird möglich und die absolute Ausdrucksweise von Mitgefühl kann gelebt werden.
Im Mitgefühl sein heißt, über das Individuum und das zeitliche Kontinuum hinauszuwachsen. Wir denken nicht nur an morgen, sondern in Jahrzehnten oder noch weiter hinaus in die Unendlichkeit.
Das Mitgefühl der Unendlichkeit, das von alten Erinnerungen und Erfahrungen befreite Denken, ist grenzenlos. Der Verstand ist frei für neue Erfahrungen. Diese Denkweise des Herzens und des Verstandes kann einen Menschen irdische Prozesse ohne egoistische Hintergründe in einem großen Zusammenhang erfahren lassen. Die Herausforderung besteht darin, im Mitgefühl und in der Demut zu bleiben.
Im Spiegel des Hals-Chakras ermächtigen wir uns durch unser Wissen, die innere Meisterin zu erkennen. Sie, die Herzdame, kennt den spirituellen Weg in Verbindung mit dem Herz-Chakra. Mit unserer Weisheit, unserer Demut und unserem Mitgefühl erkennen wir das universelle Wissen.

Die Zusammenführung der edlen Ritterin mit der inneren Meisterin bringt uns spirituelles Bewusstsein, wir erkennen unseren Lebensweg.

Das bedeutet sehr viel Klarheit im Selbst-Ausdruck und Denken. Unser Bewusstsein zum universalen Wissen in uns ist erwacht und dehnt sich aus. Der Übergang zum Stirn-Chakra ist offen.

Modell: Spirituelle Verbindung der edlen Ritterin und der inneren Meisterin
Der Weg der Reflexion im Herz-Chakra und in den Elementen Metall und Holz

Hals-Chakra ist Lu/Di, darunter das Element Holz mit seinen Meridianen GB/Le
Herz-Chakra ist GB/Le, darunter das Element Metall mit seinen Meridianen Lu/Di

Die Verbindung ist sehr speziell, weil durch die Chakren Hals und Herz und die Elemente Holz und Metall dieselben Meridiane miteinander verbunden sind und aufeinandertreffen.
Dadurch können die Themen sehr differenziert und spirituell reflektiert werden.

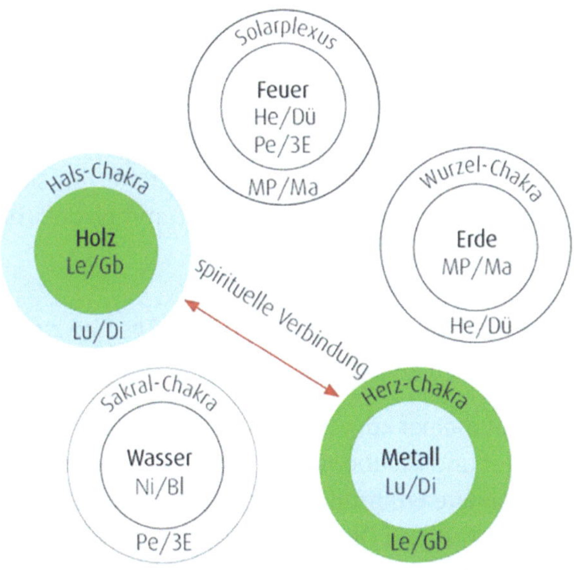

Ausdrucksweise des noch nicht erfahrbaren Hals-Chakras

In unserer Angst verdrängen wir das innere Wissen. Wir haben keine Verbindung zum universellen Wissen und somit keinen Zugang zu unserem Lebensplan. Eine Öffnung bedingt, dass wir lernen, unsere Verlustängste, Konstrukte, Muster und Glaubenssätze loszulassen.

Wir sind noch verhaftet und eingeschränkt in unserer Kommunikationsform. Wir erklären, beweisen und rechtfertigen uns vor uns und anderen. Wir halten unsere Verdrängungsmechanismen aufrecht, um unsere Angst des Alleinseins und des Vorwärtsgehens beiseitezuschieben.

Weitere destruktive Kommunikationsformen sind Wut und Ungeduld oder die Angst vor Gefühlen und Auseinandersetzungen. Wir flüchten und lassen keinen Dialog zu. Wir empfinden unsere Worte vielleicht nicht »gewalttätig«, dennoch führen sie oft zu Verletzung und Leid, bei uns selbst und anderen.

Eine weitere Strategie ist, nicht hinzuhören oder nur das zu hören, was wir auch hören wollen. Wir sind nicht gewillt und interessiert, eine Beziehung im Dialog mit anderen Menschen zu führen.

Gewaltfreie Kommunikation setzt eine umfassende Transformation voraus. Emotionen, die nicht befreit sind oder immer noch schmerzen, sind schlechte Begleiter. Unsere Kommunikation ist somit immer gefärbt von diesem grundlegenden, belasteten Ton.

Fragen, die mich unterstützen können, meine ungelösten Themen zu erkennen:

- Wie ist mein Umgang mit meiner körperlichen und geistigen Kraft?
- Bin ich mir meiner Muster und Glaubenssätze bewusst?
- Ist mein innerer Dialog an alte Erfahrungen gebunden?
- Habe ich den Mut, meine Wut und Ohnmacht zu reflektieren?
- Habe ich den Mut, meine Spiritualität zu leben?
- Führe ich Menschen, nicht nur in einer Führungsposition, in Klarheit und Demut?
- Finde ich meinen Weg durch das Dickicht des Lebens, lasse ich Zusammenbrüche zu, um erneut aufzustehen, oder bleibe ich liegen?
- Höre ich mir zu, kann ich klar und mitfühlend kommunizieren?
- Wähle ich die Worte mit Mitgefühl und Demut?

Das Stirn-Chakra

Brahma-Nadi ist dem Stirn-Chakra zugeordnet.
Die Meridiane, die durch dieses Chakra fließen, sind Zentralgefäß und Gouverneursgefäß. (ZG/GG)

ZG: das tiefste Urwissen im Menschen
GG: die Verbindung zu unserer Seele

ZG berührt die tiefste Form der Energie des Menschen und GG berührt die höchste Form der Energie des Menschen. Beide Energiebewegungen halten unseren Körper zusammen.

Das Stirn-Chakra ist der Spiegel und beinhaltet die Erkenntnis aus dem universalen Wissen und Verstehen. Das Stirn-Chakra ist ein hochspirituelles Chakra. Es beinhaltet die Weisheit unserer Seelen-Energie, unsere umfassende Wahrnehmung und die Öffnung zum göttlichen Gewahrwerden

Modell: Stirn-Chakra

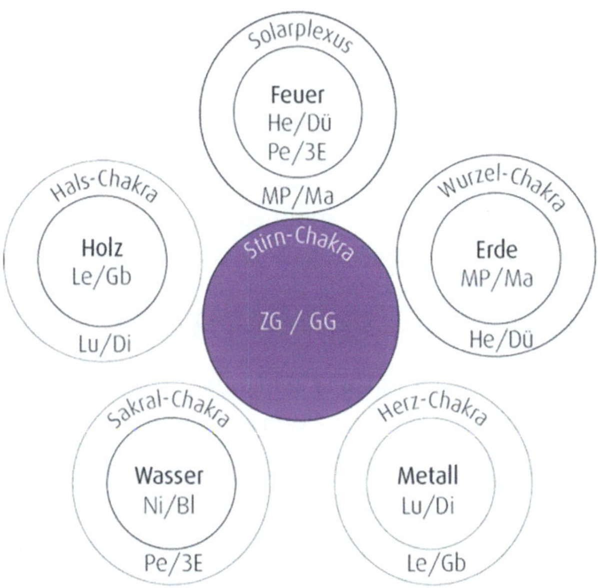

Ausdrucksweise des reinen Stirn-Chakras

Die energetische Gabe dieses Chakras ist die Verbindung zum Tiefsten und Höchsten des Menschen. Das Urwissen des ZG und die Energie in der Ausdrucksform des GG erreichen den höchsten spirituellen Aspekt im Körper. Deshalb befindet sich der Makara-Point, der Treffpunkt der Kundalini-Energie, im oberen Teil des Stirn-Chakras.

Das Stirn-Chakra bringt sämtliche energetischen Wahrnehmungen hervor. Das dritte Auge öffnet sich und wir sehen die Aura der Menschen, der Tiere und der Pflanzenwelt.

Es ermöglicht uns, die Erfahrung der Ganzheit ins Leben und Verstehen zu bringen. Die spirituelle Lebensaufgabe ist uns bewusst und wir verleihen ihr unseren Ausdruck.

Das Geschenk dieser universalen Energie ist das reine spirituelle Mitgefühl und das Wissen um die Verbindung mit dem Universum.

Hinter dem Stirn-Chakra befindet sich der Weg der spirituellen Chakren. Es ist der Weg, den die spirituelle Kundalini-Energie nach dem Makara-Point weitergeht. Er führt zur Zirbeldrüse und ist so bedeutungsvoll, weil die Kundalini-Energie unsere Themen viel subtiler aufzeigen kann.

Durch unsere Transformationsarbeit und Lebenserfahrung bewegt sich die Kundalini-Energie auf dem Weg der spirituellen Chakren, um sich mit der Seele zu verbinden. Die Kundalini fließt durch den GG-24-Punkt in das Kronen-Chakra und über den Bindu durch die spirituellen Chakren – außerhalb des Körpers – zur Seele und erleuchtet diese.

Der GG-24 Punkt ist die Fontanelle, die bei Kleinkindern noch nicht verschlossen ist, deshalb haben diese kleinen Menschenwesen noch eine direkte Verbindung zur Seele.

Die Arbeit der Transformation erreicht in den spirituellen Chakren das höchste Niveau. Sie bereinigt jederzeit die kleinsten Unklarheiten, die im Dialog mit den holografischen Chakren auftreten. Diese Energie ist nur noch Liebe, Verstehen und Licht.

Sämtliche menschliche Bedürfnisse und Bindungen lösen sich auf. Ich bin. Es ist das universelle Wissen der eigenen spirituellen Ausrichtung, in absoluter Demut. Dieses Wissen wird über das Herz- und Hals-Chakra in

Form von Kommunikation und Mitgefühl ausgedrückt. Wir leben wertfrei, ungebunden und gelassen.

Ausdrucksweise des noch nicht erfahrbaren Stirn-Chakras

Ist das Stirn-Chakra noch nicht erfahrbar, erleben wir Glims. Das sind vorübergehende Licht-Erfahrungen. Sie ermöglichen uns nur einen kurzen Einblick in eine spirituelle Erfahrung, sind jedoch instabil. Sie geschehen, um uns zu erwecken, und motivieren uns, den spirituellen Weg zu gehen.

Die energetische Sichtweise ist noch nicht entwickelt. Unser Blickwinkel ist noch zu eng und auf holografische Erfahrungen ausgelegt.

Eine tief verankerte Angst kann sich im Stirn-Chakra manifestieren, wenn im Keller (ZG) noch holografische Ereignisse und Erfahrungen bestehen, die nicht verarbeitet sind. Werden diese verhafteten Erfahrungen gelöst, entpuppen sich die Ängste als lösbar. Das Ego verliert seine Kraft und seine Macht. Es löst sich immer mehr auf.

Fragen, die mich unterstützen können, meine ungelösten Themen zu erkennen:

- Bin ich innerlich frei und kann ich mich jederzeit reflektieren?
- Bin ich im Hier und Jetzt?
- Habe ich Angst, meinen Weg zu gehen?
- Überspringe ich in meiner Verblendung immer wieder Themen und Prozesse?
- Habe ich eine Licht-Erfahrung gemacht und denke, dass ich jetzt schon erleuchtet bin?
- Kann ich einschätzen, wo ich stehe, ohne mich abzuwerten oder zu überschätzen?

Das Kronen-Chakra

Das Kronen-Chakra (Ni/Bl) ist ein rein spirituelles Chakra, es befindet sich außerhalb des Körpers. Die Aufgabe besteht darin, im Spiegel zur Seele die Reinheit des Menschen zu reflektieren und Transformationen in Form der absoluten Liebe zu fördern. Das Kronen-Chakra in seinem universellen Wissen und Verstehen hilft uns, die Kleinlichkeiten zu lösen. Das Licht der Seelenliebe durchdringt uns in seiner göttlichen Liebe.

Das Kronen-Chakra ist immer aktiv und hilft uns Menschen, mittels Reflexion der Chakra-Spiegel die Größe und Schönheit der göttlichen Kraft und Wirkungsweise zu verstehen.

Durch die spirituellen Chakra-Spiegel bewegt das Kronen-Chakra mit seiner Energie uns ins Annehmen und Wissen der Seelen-Energie. Wir werden eins mit uns und der großen Seele, vom höchsten spirituellen zum tiefsten menschlichen Dasein.

Der Bindu

Der Bindu ist das heiligste aller Chakren. Der Bindu ist unsere Chronik über sämtliche Inkarnationen, sämtliches reine Wissen ist hier eingelagert. Der Bindu ist der Speicher unserer erlebten und transformierten Lebensformen. Alles bereinigte Wissen wird hier nach dem Bardo gespeichert, hier werden alle Informationen direkt zur Seele gebracht. Der Bindu ist die Meisterstelle, der Punkt mit der absoluten universalen Energie. In diesem universalen Gefäß erhält die Kundalini alle schon erledigten Informationen, um in der Seele mehr Energie freizuschalten, um wieder im jetzigen Dasein unsere Aufgabe zu vertiefen. Es gibt uns die Möglichkeit, klarer und genauer unser Lebensziel zu erreichen. Hat der Bindu in der Kommunikation mit der Seele durch die Kundalini das Seelenziel erreicht, steigen wir zur Meisterseele auf, um neue Aufgaben zu übernehmen.

Der Bindu wird zur Energie und löst sich auf, um neu das universale Geschenk der Entwicklung in der Gesamtseele einzubringen.

Die Energie des Chitrini-Nadi begleitet und führt uns von der Erde zur ewigen Seele. Diese beiden Kundalini-Prozesse, Chitrini-Nadi und Brahma-Nadi, stehen in einem absoluten Wechselspiel: die heilige Kraft von unten (Chitrini) und die heilige Kraft von oben (Brahma). Brahma ist der Kuss unserer Seele.
Diese beiden Energiefelder treffen sich im Herzen des Menschen und verbreiten das Wissen des spirituellen Verstehens im Mensch-Sein.

Kundalini-Prozesse

Grundsätzliche Arbeit der Kundalini

Die Kundalini-Energie ist eine hochschwingende, reine Energie und ist nie blockiert. Sie kann jedoch Störungen erzeugen, welche wir als große Verletzung wahrnehmen. Diese Formen der Blockierungen und Schmerzen können uns entwurzeln, orientierungslos machen und aus der Fassung bringen.

Die Kundalini-Energie bringt diese Phänomene hervor, um uns aufzuzeigen, dass wir im menschlichen, holografischen Sinne noch Defizite haben, die verstanden werden wollen. Also Themen, Muster und Glaubenssätze, die noch nicht verstanden und transformiert sind.

Aus diesem Grund wird die Kundalini-Energie in ihrem Aufstieg gehindert und verursacht unangenehme Phänomene. Die Bewegung der Kundalini-Energie in den verschiedenen Energie-Bahnen oder Nadis kann sehr individuelle Störungen und Ausprägungen hervorbringen.

Durch ihre hohe Schwingung hat die Kundalini-Energie keinen direkten Zugang zu den Elementen. Sie ist über das Chakra-System mit der Ebene der Elemente verbunden. Sind wir im Bewusstsein der Transformation, ist die Kundalini-Energie bestrebt, die Chakren mit Kundalini-Wasser zu füllen. Auf diese Weise wird der Spiegeleffekt stärker und das jeweilig darunterliegende Element mit seinen Themen kann verstanden und transformiert werden.

Die Bestimmung der Kundalini-Energie ist vollendet, wenn wir als Mensch eine umfassende Transformation erleben und die Kundalini-Nadi als schöpferisches Prinzip in unser Herz zurückkehrt. Die Rück-Verbindung an unser Seelen-Wissen ist vollendet und wir lassen uns von Kundalini-Nadi in ihrer Weisheit führen. Dieser Prozess der Ausdehnung in die Weisheit dauert ein Leben lang und ist nie abgeschlossen.

Ist die Transformation weit vorangeschritten, fließen alle Kundalini-Prozesse in dem »einen Kanal«, dem Brahma-Nadi.

Alle anderen Kundalini-Kanäle lösen sich auf.

Mögliche Blockaden der Kundalini-Energie

Jeder Mensch lagert Glaubenssätze und Muster in seinem »Keller« ein. Diese Ansammlung von nicht verarbeiteten Erfahrungen – sowohl aus diesem Leben wie auch aus vorangegangenen Inkarnationen – haben eine bestimmte Ausdrucksweise. Diese Gefühle und Verletzungen fordern uns zum Hinschauen auf, wollen verstanden und gewandelt werden.

Wollen wir unser Fundament verstehen und transformieren, ist es notwendig, zu begreifen, dass wir die Themen der fünf Elemente in uns tragen. Je stärker die Spiegel der Chakren die Möglichkeit haben, Themen aufzuzeigen, desto mehr Bewusstsein zur Transformation strömt in die fünf Elemente.

In den folgenden Kapiteln fassen wir, soweit uns möglich ist, die Gesamtheit der Themen aus dem jeweiligen Element und dem Chakra zusammen. Wir zeigen auf, welche Muster und Glaubenssätze die Kundalini-Energie behindern könnten. Dies soll zu einer Auseinandersetzung und einer Vertiefung dessen führen, was im Zusammenhang mit uns selbst noch reflektiert und transformiert werden darf.

Kundalini-Chitrini-Nadi

Blockaden in unserem Fundament

Unser Grundfundament ist der Spiegel des Wurzel-Chakras in Verbindung zum Element Erde. Hier finden sich die Themen der ungeklärten Emotionen, unseres grundlegenden Lebensbodens und unseres Lebensbaumes.

Das grundlegende Problem vieler Menschen ist das Anhaften ihrer Emotionen an alten und oft schmerzhaften Erfahrungen. Diese Anhaftung bindet unsere jetzigen Emotionen erneut an die undifferenzierten und unreflektierten vergangenen Erlebnisse.

Die Problematik der ungeklärten Emotionen stammt aus unserem Familiensystem. Alle angelernten, übernommenen und anerzogenen Muster und Glaubenssätze kommen aus diesem Lebensgefühl. Auch Verhaltensweisen, die nicht differenziert und verstanden werden, bleiben an angelernten, aus dem Familiennest mitgenommenen Formen haften. Sie prägen unsere Ausdrucksweise im Umgang mit uns und anderen Menschen.

Die unverarbeiteten Emotionen, all unsere nicht transformierten Muster und Glaubenssätze, lagern in unserem Fundament. Erkennen wir das nicht, nähren wir uns unbewusst mit diesen gebundenen und unrichtigen Vorstellungen. Diese drücken sich dann in Gedanken und Taten aus.

Die Energie des Dünndarms könnte hier differenzieren, fällt jedoch durch diese Verblendung und Unklarheit in ein Defizit. Dadurch sind wir unfähig zu erkennen, wer und was wir sind. Betrug wird zu Gewinn, Lüge zu Wahrheit. Diese grundlegende Täuschung ist immer eine Selbstverletzung.

Stehen wir nicht zu unseren Gefühlen, Gedanken, Worten und Taten, leugnen wir unsere Wahrnehmungen und unsere Intuition. Unsere Verhaltensweisen behindern uns auf unserem Seelenweg. Unser inneres Leben ist auf einer Illusion aufgebaut.

Wir sind aufgefordert, unsere Unklarheit in Klarheit zu wandeln und damit die eigenen Themen ins Bewusstsein zu bringen. Reflektieren und differenzieren wir unsere Emotionen und unsere Verhaltensweisen, lösen sich Anhaftungen auf.

In Verbindung mit der Energie des Stammes unseres Lebensbaumes erkennen wir, wie wir im Leben stehen. Die Verbindung zum Stamm unseres Lebensbaumes hilft uns zu erkennen, wo und wie wir uns im Leben bewegen. Unser Lebensbaum ist Ausdruck unserer Lebensform und Lebensgestaltung.

Ohne gesunde Wurzeln und einen starken Stamm können wir die Energie in der Krone unseres Lebensbaumes nicht wahrnehmen und verstehen. Die Baumkrone enthält unsere Früchte (Fähigkeiten) und Ressourcen.

Diese Ressourcen und unser Wissen ermöglichen den Zugang zur Seele. In Verbindung mit unserer Seele erkennen wir, wer wir sind. Wir verstehen unseren persönlichen Lebenssinn, unsere Lebensaufgabe und die Bedeutung von Spiritualität und Transformation. Wir wachsen innerlich, stehen im Leben, sind uns unserer selbst bewusst und sind in unserer Klarheit.

Die Kundalini-Energie ist bestrebt, diesen unbewussten oder bewussten Kreislauf aufzuzeigen und Themen hervorzubringen. Das Erfahrene und Erlebte muss von uns differenziert werden, damit wir diesen Kreislauf verstehen und unterbrechen können. Kann dies geschehen, werden Blockaden aufgelöst und der Aufstieg der Kundalini-Energie kann beginnen.

Mögliche Phänomene

Ist die Kundalini-Energie in Bewegung, reagieren wir oftmals mit Phänomenen und Symptomen. Phänomene, die Chitrini-Nadi auslösen kann, sind Thematiken, die sich vor allem aus der Pathologie des Elements Erde ergeben. Das können Probleme sein wie:

- Existenzängste
- Panikattacken und Ängste
- Rastlosigkeit des Denkens, unklare Gedanken, keine klaren Zusammenhänge erkennen
- Ruhelosigkeit, Orientierungslosigkeit, Verlorenheit
- keine Zentrierung
- starke Gefühle wie Neid und Eifersucht
- innerliches und äußerliches Zittern, starkes Schwitzen
- ununterbrochenes Reden, Zusammenbruch und starke Übelkeit

Der Aufstieg durch den Chitrini-Nadi

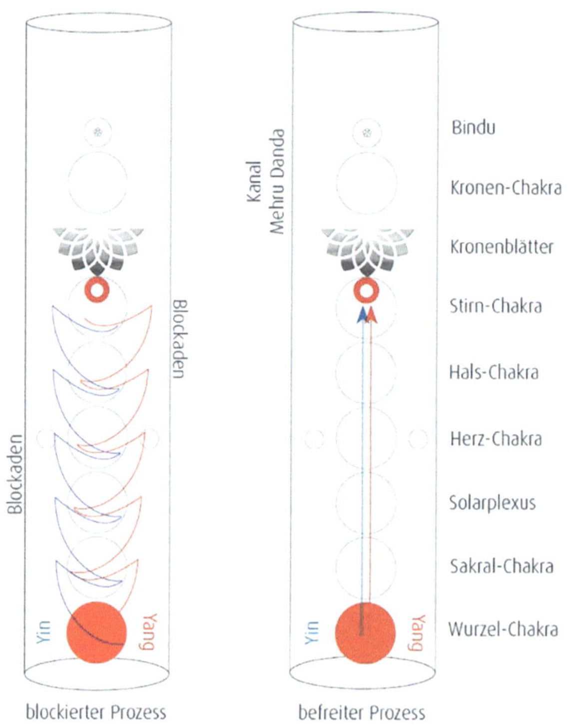

Modell: Kundalini-Chitrini-Nadi-Prozess

* links: Der blockierte Kundalini-Prozess kann heftige und spontane Bewegungen und Zuckungen im Körper auslösen.
* rechts: der befreite Kundalini-Prozess

Wie Chitrini-Nadi arbeitet

Die Kundalini-Energie strebt durch uns eine Reflexion unseres gesamten Lebensweges an. Demnach erhalten wir die Möglichkeit, neue Sichtweisen und Erfahrungen zu sammeln, die ein höheres Bewusstsein hervorbringen und uns unablässig auf unsere Transformationsarbeit hinweisen.

Um die Blockade anzustoßen, führt Chitrini-Nadi ein wellenartiges Yin-und-Yang-Bewegungsspiel aus. Sie durchquert die gesamten Chakren und gibt Impulse zur Spiegelung der nicht verstandenen Themen. Sie bringt sowohl Blockaden wie auch das gesamte Wissen hervor, das in den Chakren gespeichert ist.

Die Arbeit besteht darin, das Wissen einzusetzen und die erkannten Muster zu bearbeiten. Dadurch wird ebenfalls der Mehru-Danda, der Hauptkanal, gestärkt und in eine stabile Position gebracht.

Die Entwicklung des Menschen in der Energie des Chitrini-Nadi

Chitrini-Nadi ist der spirituelle Weg der Transformation

- Inkarnation und Wahl der Eltern
- Die Transformation von den irdischen hin zu den spirituellen Wurzeln. Hier geht es um das Bewusstwerden und Erkennen des spirituellen Lebensweges.

Inkarnation und Wahl der Eltern

Chitrini-Nadi hat das Wissen, uns in der jeweiligen Inkarnation zu begleiten und die spirituelle Auswahl der physischen Eltern zu treffen. Es geht um die bestmögliche spirituelle Entwicklung, die wir als Individuum auf der Erde erreichen können, damit sich unser Lebensplan erfüllt.

Chitrini-Nadi hilft uns bei der Entscheidung als zukünftiger Mensch auf der Erde in einer anderen Dimension zu wachsen, zu lernen und zu leben.

Inkarnieren wir, ist die Energie von Chitrini-Nadi der erste Kanal. Das Qi ist zuständig für die Erschaffung des feinstofflichen Körpers und tritt über das Wurzel-Chakra in den Körper der Mutter ein. Der grobstoffliche Körper wird nach dieser energetischen Vorlage geschaffen.

Nach der Geburt des Menschen lässt sich die Kundalini-Energie oberhalb des Wurzel-Chakras im menschlichen Körper nieder. Damit beginnt die Bewusstwerdung als Mensch, mit seinen zukünftigen Themen und deren Ausformungen.

In den ersten drei Schwangerschaftsmonaten können wir uns entscheiden, hier zu bleiben oder zu gehen. Uns steht mit der Chitrini-Energie ein »Notausgang« zur Verfügung. Wir haben die Möglichkeit, eine Unterbrechung der Schwangerschaft herbeizuführen, um diese Erde wieder zu verlassen.

Bereits während der Zeit der Schwangerschaft beginnt die Zu-Schüttung unseres Seelen-Wissens durch Muster und Glaubenssätze. Bisher war dieser Mechanismus in uns Menschen auf diese Weise angelegt.
(Die neuankommenden, jetzt inkarnierenden Seelen, viele mit hellen und farbigen Energiefeldern in der Aura, werden das mitgebrachte Wissen in Zukunft nicht mehr verschütten lassen. Sie bringen ein anderes Bewusstsein mit, sich auf ihre Lebensaufgabe einzulassen und diese zu bewältigen.)

Der bisherige Mechanismus ließ uns Menschen unser großes Wissen vergessen und vollkommen in den holografischen Zustand eintauchen. Als Kind sind wir uns dessen auf der Seelenebene noch bewusst.

Jede Seele hat die freie Wahl, die Lebensaufgabe der jeweiligen Inkarnation anzunehmen. Der plötzliche Kindstod ist eine Möglichkeit, das Erdenleben zu beenden. Es ist eine Form der Entscheidung, diese Inkarnation nicht zu leben oder fortzuführen.

Chitrini-Nadi hat die absolute Verbindung von unseren Wurzeln zu unserer ewigen Seele. Die Energie steht für das Bewusstsein, dass wir uns als spirituelle Wesen in einem menschlichen Körper, im Spiegel des Wissens, in unserer Seele wiedererkennen.

Der bisherige Mechanismus ließ uns Menschen unser großes Wissen vergessen und vollkommen in den holografischen Zustand eintauchen. Als Kind sind wir uns auf der Seelenebene dessen noch bewusst.

Jede Seele hat die freie Wahl, die Lebensaufgabe der jeweiligen Inkarnation anzunehmen. Der plötzliche Kindstod ist eine Möglichkeit, das Erdenleben zu beenden. Es ist eine Form der Entscheidung, diese Inkarnation nicht zu leben oder fortzuführen.

Chitrini-Nadi hat die absolute Verbindung von unseren Wurzeln zu unserer ewigen Seele. Die Energie steht für das Bewusstsein, dass wir uns als spirituelle Wesen in einem menschlichen Körper, im Spiegel des Wissens, in unserer Seele wiedererkennen.

Bewusstwerden und Erkennen des spirituellen Lebensweges

Chitrini-Nadi steht für die tiefe Gewissheit, dass wir während unseres gesamten menschlichen Daseins immer mit unserer ewigen Seele verbunden bleiben. Als Mensch mögen wir dieses tiefe Seelen-Wissen vergessen; die Kundalini-Energie vergisst es niemals, sie ist diese Verbindung.

Chitrini-Nadi ist bestrebt, uns wieder mit dem vollen Wissen zu verbinden, damit sich unsere Seele in uns spiegeln kann und wir unser wahres Wesen darin erkennen können. Die Seele füllt uns mit ihrer Energie. Wir werden transzendenter und folgen unserem spirituellen Weg. Wir lassen uns von der Seelen-Energie bewegen und leben das Seelen-Wissen. Dieses verbindet uns wiederum mit unserem Kronen-Chakra. Als bewusstes, spirituelles menschliches Wesen leben wir offen und entschlossen in dieser göttlichen Energie.

Die Entwicklung und Verwirklichung des eigenen Lebens bedingen eine vielschichtige Transformation. In der dritten Dimension, die holografisch ausgelegt ist und in der Emotionen noch nicht unterschieden werden, kann wenig Transformation stattfinden. Erst bei einer Reflexion aus einem höheren Verständnis heraus werden spirituelle Erfahrungen möglich.

Der Aufstieg in höhere Dimensionen bedingt und bedeutet eine umfassende Transformation, die unser Bewusstsein in eine höhere Seins-Form bringt.

Chitrini-Nadi hat das Wissen der Transformation zur Entfaltung unseres Lebensweges, Lebensbaumes und inneren Hauses. Chitrini-Nadi ermöglicht uns allen die Wandlung vom holografischen zum spirituellen Menschen. Die Kundalini-Energie steht für den Prozess der Entwicklung, den Weg der Transformation, die Veränderung unserer eigenen Form und dadurch für unsere erneute Schöpfung als spiritueller Mensch.

Es ist die vollständige Aufarbeitung und Auflösung der horizontalen und spirituellen Lebensgeschichte. Je tiefer wir auf der holografischen Ebene transformieren und verstehen, desto höher schwingen und entwickeln wir uns. Durch das Eintreten in spirituelle Dimensionen arbeiten wir unsere holografische und spirituelle Biografie auf.

Ohne dieses Erlebnis des Aufstiegs in die höheren Dimensionen können wir unsere Spiritualität nicht erfahren. Durch die Rückkehr zum spirituellen Wesen in uns gelangen wir auf die höchste Ebene der Bewusstwerdung, zur Verbindung mit der ewigen Seele.

Chitrini-Nadi verfügt über das Bewusstsein der Transformation in Bezug auf alle anderen Kundalini-Prozesse. Sie ist die Verbinderin aller grundlegenden Themen und Fähigkeiten unseres Transformationsweges. Damit bringt sie unser gesamtes menschliches Dasein in den großen und heiligen Fluss der andauernden Wandlung.

Chitrini-Nadi birgt alles Wissen der vorangehenden Inkarnationen in sich. Die Kundalini-Energie bringt unser Wissen in die große Lebenstransformation und führt uns in eine verwandelte Lebensenergie.

Das Verstehen der transformierten Lebensenergie bringt uns nach dem Tod – im Bardo* – neue Erkenntnisse über unser Dasein als Mensch. Durch diesen Todesweg sind wir in der Lage zu entscheiden, wie wir uns weiterentwickeln wollen. Mit dieser Erfahrung treten wir wiederum einen neuen Lebenszyklus an.

Kundalini-Vajra-Nadi

Blockaden in unserem Fundament

Unser Grundfundament ist der Spiegel des Sakral-Chakras, in Verbindung zum Element Wasser.

Hier finden sich die Themen der Geburt und Kindheit, der Macht und Ohnmacht, der Sexualität, des sozialen Verhaltens und der Spiritualität.

Nach neun Monaten Schwangerschaft, Geborgenheit und Aufgehobensein werden wir geboren. Ein großer Schock, wir werden von unserer Universum-Mutter getrennt.

Mit diesem Prozess der Wandlung vom ätherischen Seelenwesen zum holografischen Menschen wird der Entwicklungsprozess in die jetzige Inkarnation eingeleitet.

Meist geschehen die Geburt und Abnabelung in atemberaubendem Tempo. Oft ist dies kein sanfter Übergang, keine Entscheidungsmöglichkeit, keine Zeit, sich zu trennen. Hinzu kommt die Form der Geburt, die zusätzlich traumatisch sein kann.

Die Geburt ist der erste große Schock in unserem Menschenleben. Mitunter löst dieses Ereignis ein lebenslanges Trauma aus. Wird es nicht bearbeitet, engen uns diese Emotionen und Verletzungen ein und werden zu unbewussten Verhaltensweisen und Mustern.

Der zweite Schock ist der Übertritt vom fünften Lebensjahr in die Dualität. Die Welt des Kindes wird auf den Kopf gestellt. Das Verlassen der magischen Welt bringt uns in einen Übergang, der große Ängste auslösen kann. Lieber möchten wir in dieser mystischen Energie bleiben, als uns dieser Welt zu stellen.

Die Kindergarten- und Schulzeit basiert auf gesellschaftlichen Normen und Werten. Meist wird unser Seelenwesen dabei nicht wahrgenommen. Es geschieht eher eine Art von »Verformung«.

Durch unsere Angst, verlassen oder abgelehnt zu werden, versuchen wir unsere Eltern zu kopieren. Wir übernehmen ihre Verhaltensweisen, ihre Werte und Normen. Wir wollen geliebt werden, damit wir überleben.

Dieses überlieferte System bringt uns in eine Machtlosigkeit. Wird diese Ohnmacht nicht reflektiert, beherrscht sie uns. Somit basiert unsere Ermächtigung auf der Emotion von Ohnmacht statt auf der von unseren eigenen und reflektierten Emotionen.

Dadurch entsteht ein enormes Unterdrückungspotenzial, das ausgelebt oder ins Unbewusste verbannt werden kann.

Ängste, Schock und Panik können unsere ständigen Begleiter sein. Sie sind eine Ausdrucksform der Ermächtigung aus der Ohnmacht heraus. Ermächtigen wir uns, den Weg der Reflexion zu gehen, sind wir fähig, unsere eigene Geschichte zu leben.

Im Spiegel des Sakral-Chakras wird uns bewusst, wie wir uns in der Gesellschaft bewegen und welches soziale Umfeld uns umgibt. Hier ist die Chance, Themen wie Abhängigkeit, Manipulation und Ausdrucksformen von Liebe, Gewalt, Macht und Ohnmacht zu erkennen und zu verstehen.

Die Blasenenergie im Element Wasser ist in direkter Verbindung zum Kronen-Chakra. Somit ist sie für uns Menschen die direkte Verbindung zur geistigen Welt. Deshalb erhält die Kommunikation zur Seele hier eine doppelte Natur. Die Natur der höchsten Verbindung zu unserem göttlichen Wesen und die Natur der tiefsten Verbindung zu unserem Wissen in der Nierenenergie, im Element Wasser.

Die Vajra-Nadi birgt Ressourcen in Bezug auf das Verstehen unserer spirituellen Herkunft sowie des Sinns von unserem Dasein hier auf Erden.

Mögliche Phänomene

Ist die Kundalini-Energie in Bewegung, reagieren wir oftmals mit Phänomenen und Symptomen. In diesem Fall ist das System in verschiedenen Elementen blockiert und stagniert.

Phänomene, die Vajra-Nadi auslösen kann, sind Thematiken, die sich vor allem aus der Pathologie des Elements Wasser ergeben. Das können Probleme sein wie:

- sexuelle Unlust oder übermäßige sexuelle Lust/Gier, destruktive Sexualität
- Schädelkribbeln, das Gefühl eines Spinnennetzes auf dem Kopf oder am ganzen Körper
- starke Beziehungsverstrickungen und Suchtproblematiken
- Lichtphänomene, Glims
- Geltungssucht, spirituelle Großspurigkeit
- Ohnmachtsgefühle, Körperirritationen aus wiederholten energetischen Ein- und Austritten der Körperenergie
- Angststörungen, panikartige Angstzustände
- Mutlosigkeit, Resignation

Der Aufstieg durch den Vajra-Nadi

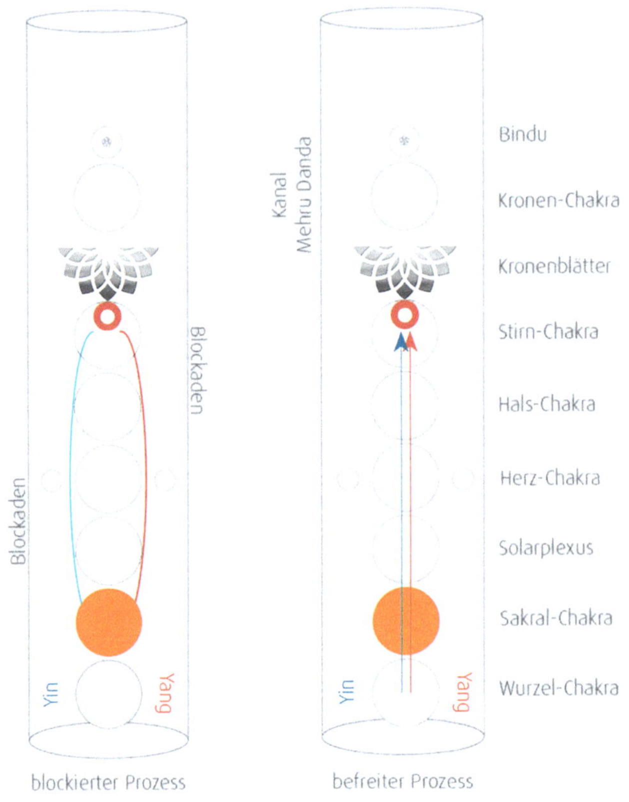

Modell: Kundalini-Vajra-Nadi-Prozess

* links: der blockierte Kundalini-Prozess (ist sprunghaft)

* rechts: der befreite Kundalini-Prozess

Wie Vajra-Nadi arbeitet

Vajra-Nadi möchte uns auf unsere Traumata, die wir aus den Erfahrungen im Element Wasser erlebt haben, aufmerksam machen. Durch ihre sprunghafte Bewegung rüttelt die Kundalini-Energie unverarbeitete Emotionen auf, die aus diesen Erlebnissen heraus entstanden sind. Das kann unser System mit Emotionen überschwemmen und massiv belasten.

Die Belastung wird massiv verstärkt durch die Verbindung der Nieren- und Blasenenergie zum Kronen-Chakra. Die Themen beeinträchtigen das gesamte Energiesystem und belasten unser psychisches Befinden zusätzlich.

Ist Vajra-Nadi blockiert, beginnt sie ihren Weg im zweiten statt im ersten Chakra. Die Energie überspringt das Wurzel-Chakra, weil die Kundalini im Sakral-Chakra die Themen des Wasser-Elements so lange spiegelt und klärt, bis wir begreifen, dass wir ins Wurzel-Chakra absteigen müssen, um unsere unerledigten Themen des Elements Erde zu transformieren.

Hier spiegelt uns das Wurzel-Chakra unseren Lebensbaum und seine Wurzeln. Dort arbeiten wir mit den Themen aus dem Element Erde.

Vajra-Nadi will, dass wir in die Tiefe des Wissens absteigen, damit wir das Höchste – die spirituelle Verbindung – erleben können. Die Blockierungen jeder Kundalini-Energie sind somit immer Hinweise auf Themen und Geschenke, die es noch zu transformieren und zu verstehen gilt.

Durch die Sprunghaftigkeit und Schnelligkeit von Vajra-Nadi können Hirnzentren vorübergehend geöffnet werden. Dadurch zeigen sich verschiedene Fähigkeiten. Das kann ein virtuoses Klavierspiel sein oder eine fremde Sprache, die fließend gesprochen wird. Diese Phänomene sind jedoch vorübergehend und werden als Glim (Licht) bezeichnet. Sie verschwinden, wie sie gekommen sind. Die Erfahrung und die Sehnsucht, dieses Geschenk wieder zu erleben, bleiben und motivieren.

Durch diese vorübergehenden Glim-Erfahrungen will die Vajra-Energie auf das Wissen im Nieren-Jing hinweisen. Hier liegt unser Urwissen aus allen Inkarnationen. Diese Weisheit will bewegt und erkannt werden. Wir sollen erfahren, wer wir wirklich sind. Das Geschenk der Kundalini-

Energie ist, dass wir die Innenschau in der Tiefe unseres Wissens erfahren können.

Haben wir diesen Transformationshinweis nicht verstanden, kann Kundalini-Vajra nicht absinken und das Wurzel-Chakra kann die Themen aus dem Element Erde, aus dem Lebensbaum heraus, nicht spiegeln und aufzeigen.

Gelingt diese Transformation, sinkt die Energie von Vajra-Nadi ins Wurzel-Chakra und kann einen klaren Aufstieg bis in den Makara-Point im Stirn-Chakra vollziehen.

Die Entwicklung des Menschen in der Energie des Vajra-Nadi

Vajra-Nadi ist der spirituelle Weg des Wissens

- *Urwissen:*
  Vajra-Nadi erschließt uns in unserem heutigen Leben das Urwissen, das gesamte Wissen, das wir über sämtliche Inkarnationen in unserer inneren Akasha-Chronik eingelagert haben. Die Energie des Vajra leitet uns an, wie wir das Wissen in unser Bewusstsein holen, verstehen, transformieren, entwickeln und umsetzen können.
- *Friedensprozess:*
  Vajra-Nadi lehrt uns das echte Loslassen und Bewahren. Wir geben uns dem Fluss des Lebens hin. Die Energie des Vajra-Nadi führt uns in den inneren Frieden.
- *Höhere Sexualität:*
  Eine weitere Meisterschaft dieses Kundalini-Prozesses ist das Verstehen der Sehnsucht nach der vollendeten Sexualität, in Verbindung zu unserer Seele, unserem Ursprung, unserem spirituellen Wesen. Die Energie des Vajra ermöglicht uns, dieses Wissen, das aus der Seele auf unser Energiefeld ausgeschüttet wird, aufzunehmen und Schritt für Schritt umzusetzen.

Das Urwissen

Das Wissen des Vajra-Nadi begleitet uns in der Kindheit durch die ersten fünf magischen Jahre. Hier ist die Verbindung zur Seele noch offen.

Vajra-Nadi sorgt für die bleibende Öffnung im Prozess des Erwachsenwerdens oder hilft die Verbindung zur Seele wiederherzustellen.

Die Energie des Vajra-Nadi gibt uns das Wissen und das Bewusstsein, unsere Lebensaufgabe zu verstehen, zu transformieren und zu bewältigen. Die Kundalini-Energie hilft uns das Seelen-Wissen im Leben zu entwickeln und für unseren vorgesehenen Lebensplan einzusetzen.

Nach der Transformationsarbeit ist unser Lebensbild frei von Mustern und Glaubenssätzen. Sie haben sich transformiert, in Urwissen gewandelt. Das Tiefste – unser altes Wissen – und das Höchste – unser Seelen-Wissen – spiegeln und treffen sich in uns. Aus dieser Erfahrung und unserer Intuition ermächtigen wir uns, die Führung für uns selbst zu übernehmen.

Das alte Wissen ist unsere innere Akasha-Chronik. Durch den Bewusstseinszustand erfahren wir unser Urwissen und bringen diese Erkenntnisse in Bewegung. Sind wir mit diesem Wissen verbunden, erfahren wir unsere innere spirituelle Dimension. Aus Überzeugung schöpfen und leben wir aus unserem spirituellen Wesen. Wir sind in andauernder Kommunikation und Verbindung mit allem.

Friedensprozess

Vajra-Nadi ist auch der Friedensprozess. Die soziale spirituelle Entwicklung hat in diesem Kundalini-Prozess eine besondere Bedeutung. Er umfasst die Entfaltung aller zwischenmenschlichen Beziehungen, den Umgang mit Tieren, Natur und Umwelt.

Durch die Energie des Vajra-Nadi erleben wir inneren Frieden. Wir fühlen in uns Versöhnung und Dankbarkeit, uns und anderen Menschen gegenüber.

Im Mitgefühl bringen wir die Entwicklung unserer sozialen Beziehungen in ein höheres Bewusstsein. Verurteilen wir andere Menschen, trennen wir uns von ihnen. Der innere Frieden wird gestört. Bewegen wir uns aber in unserer inneren Natur mit dem Gefühl von Sicherheit und Unabhängigkeit, erfahren wir den inneren Frieden.

Soziale Bindungen und Verbindungen sind lebensnotwendig für uns Menschen. Daraus ergibt sich ein großes Entwicklungs- und auch ein Risikopotenzial.

Alle Themen und Probleme, die sich in zwischenmenschlichen Beziehungen zeigen können, heilen wir mit einer respektvollen Haltung gegenüber unseren Mitmenschen und einem liebevollen Umgang mit uns selbst.

Die Anerkennung und Integration des Wissens um Respekt und Mitgefühl führen uns zueinander und werfen uns gleichzeitig wieder auf uns zurück. Diese frei werdende Schöpferkraft bringt uns innere Freiheit.

Vajra-Nadi lehrt uns das echte Loslassen und Bewahren. Wir gehen mit dem Fluss des Lebens. In der Verbindung mit der Vajra-Energie lassen wir Menschen, die uns nicht guttun, gehen und kreieren keine abhängigen Beziehungsmuster mehr.

Das Wissen um die heilige Sexualität

Vajra-Nadi wird auch der sexuelle Prozess genannt.

Die holografische Sexualität ist entwicklungsfähig. Auf dem Weg zur heiligen Sexualität wachsen wir aus dem Stadium der Triebe und der Bestimmung der Reproduktion hinaus. Die Körperbezogenheit verändert sich, die Entwicklung der sexuellen Kraft erwacht.

Der Zugang entsteht durch eine gleichberechtigte und verstehende Sexualität. Die Reflexion geschieht im Kronen-Chakra und nicht mehr in den unteren Chakren. Hier entdecken wir unsere innere spirituelle Führung. Das universelle Wissen der Seele kann in uns einströmen.

Die sexuelle Energie ist ein zusätzlicher Motor, damit wir uns mit der ewigen Seele verbinden können. Sie ist eine Brücke, die zum Erkennen der Spiritualität führt. Ist der Mensch in seinen sozialen Beziehungen reflektiert und weiterentwickelt, erhält die sexuelle Energie eine neue Dimension. Diese spirituell entwickelte, sexuelle Energie hat die Dynamik eines Kraftwerks. Aus dieser Kraft heraus ergibt sich eine Erweiterung, ein Durchdringen der Dimensionen, das zum Verstehen und Erleben des universellen Denkens führt.

Das Wissen wiederum fließt auf die Energiefelder zurück, sinkt ab und wird dadurch für den spirituellen Menschen verfügbar und lebbar.

Durch ihre ungeheure Kraft kann diese sexuelle Meditationsform Erkenntnisse aus dem äußeren und inneren Universum hervorbringen.

Ziel ist, die Transformation und Weiterentwicklung des Bewusstseins in höhere Ebenen des Seins zu transzendieren. Der Weg des Wissens kann weitergehen.

Kundalini-Lakshmi-Nadi

Blockaden in unserem Fundament

Unser Grundfundament ist der Spiegel des Solarplexus in Verbindung zum Element Feuer.

Im Solarplexus reflektieren wir die Themen von Wurzel-Chakra, Sakral-Chakra und dem Solarplexus. Wir erkennen in unserer Klarheit das holografische Fundament. Das ist unser absoluter Boden, unsere Grundsubstanz.

Das Fundament besteht aus dem ersten und zweiten Chakra, zusammengezogen in der Reflexion zum Solarplexus, zu uns selbst. Hier spiegelt sich unser Lebensbaum und somit unser Lebensboden.

Es bedeutet die Eigenreflexion von Erde (Wurzel-Chakra) und Wasser (Sakral-Chakra). In dem Element Erde spiegeln sich unsere Zeugung und unser Lebensbaum. Im Element Wasser spiegeln sich unsere Geburt, die Kindheit, die magische Welt bis 5 Jahre und die weitere Kindheit bis 12 Jahre. Subjektive Wahrheiten und Unwahrheiten treffen zusammen.

Im Solarplexus reflektieren wir unsere gesamte Biografie und transformieren sie in unserer Spiegelhalle*. Wir beobachten in Klarheit unsere Emotionen: Sind sie rein und frei oder noch angebunden an alte Verletzungen?

Ziel ist, unser grundlegendes Verhalten zu erkennen, zu verstehen und, wenn angebracht, zu verändern. Durch unsere Reflexion im Solarplexus erkennen wir, wo wir stehen, wie wir handeln und wie wir uns zwischenmenschlich ausdrücken.

Wir haben jetzt die Möglichkeit, uns den Bildern und Gefühlen zu stellen. Lassen wir die Konfrontation mit unseren schmerzhaften Erfahrungen zu, können wir diese verstehen und loslassen.

Die größte Herausforderung sind unsere Emotionen im holografischen Herzen des Feuers. Das kann zum Beispiel emotionaler Schmerz oder Ablehnung eines geliebten Menschen sein.

Es ist außerordentlich wichtig, unsere Ausdrucksweise der Emotionalität anzuschauen und zu verstehen. Egoismus und Beziehungsdramen erlauben uns, die Spiele der Emotionen in Form von Manipulationen und Verwirrspielen auszuleben.

Dieses Verhalten benötigt Analyse und Reflexion in unseren Beziehungen. Auch unsere Sexualität und unsere Umgangsformen wollen reflektiert werden. Ist unsere sexuelle Ausdrucksweise frei oder manipulierend? Teilen wir unserem Gegenüber mit, was wir gerne möchten?

Ebenso unumgänglich ist es, unsere Kommunikation zu reflektieren. Sind wir ehrlich oder manipulativ, herrschend und betrügerisch? Es kann sehr heilbringend sein, sich seiner Gefühle und Gedanken bewusst zu werden.

Wir können die Entscheidung treffen, entweder in diesen Emotionen und Bildern zu verharren oder wir bringen den Mut, die Kraft und das Bewusstsein auf, der Wahrheit gegenübertreten, uns selbst zu begegnen und den Urboden, unseren Überlebensboden zu reflektieren.

Gelingt uns diese Reflexion, erkennen wir den spirituellen Spiegel im Solarplexus. Das hat eine Auswirkung auf die spirituelle Energie, die uns mit dem nächstfolgenden Herz-Chakra verbindet. Durch unsere Transformationsarbeit verstehen wir, dass es mehr gibt als unser holografisches Leben. Wir schälen uns langsam aus den Illusionen heraus, um in das spirituelle Herz-Chakra hineinzuwachsen.

Wir erfassen den Sinn der Spiritualität, indem unser Wissen vom differenzierten Wahrnehmen und Verstehen erweckt wird. Wir offenbaren und öffnen uns unserem Sein, unserer Liebe. Das ist die Grundbedingung, um in die Energie des spirituellen Herz-Chakras einzutauchen.

Lakshmi-Nadi verleiht unseren Emotionen Stabilität. Wir wissen um die Sicherheit, dass das, was kommt, bewältigt werden kann. Wir erkennen die Verbindung der Wurzeln und der geistigen Welt.

Mögliche Phänomene

Ist die Kundalini-Energie in Bewegung, reagieren wir oftmals mit Phänomenen und Symptomen. In diesem Fall ist das System in verschiedenen Elementen blockiert und stagniert.

Phänomene, die Lakshmi-Nadi auslösen kann, sind Thematiken, die sich vor allem aus der Pathologie des Elements Feuer ergeben. Das können Probleme sein wie:

- Kälte- und Hitzeempfindungen
- undifferenzierte Schmerzen, Kopfschmerzen bis Migräne
- körperliche Energieströmungen am ganzen Körper und oder direkt an der Wirbelsäule
- Lach- und Weinanfälle
- gefühlte innere und äußere Verbrennungen, Hitzewellen
- suizidale Gedanken
- starke undifferenzierte Emotionen, Gemütsschwankungen
- Lebensbaum (Fundament) wird durchgeschüttelt, der Boden scheint zu entgleiten, Erschöpfungszustände
- bipolare Störungen
- Verstopfungen oder wasserfallartige Durchfälle

Der Aufstieg durch den Lakshmi-Nadi

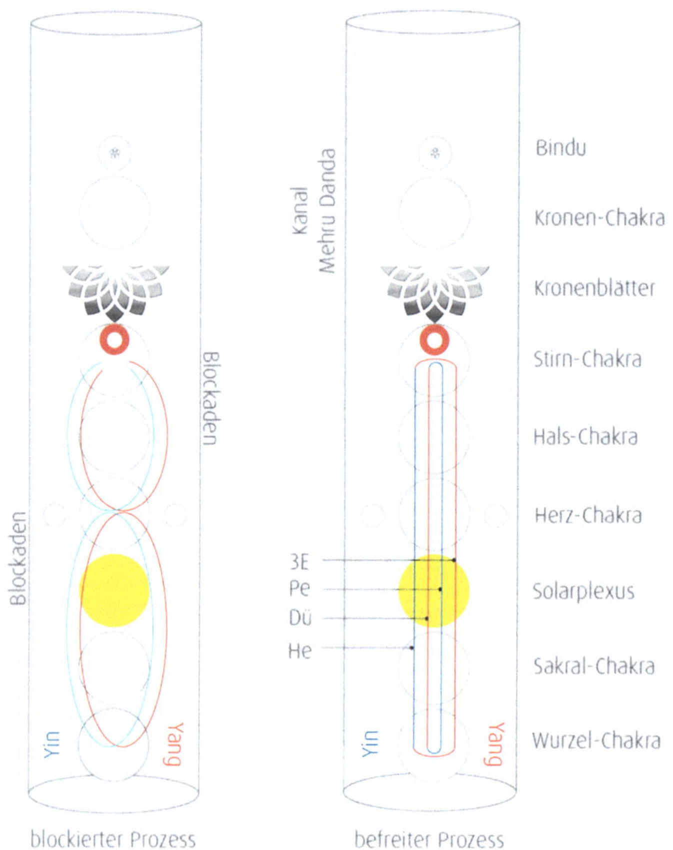

Modell: Kundalini-Lakshmi-Nadi-Prozess

* links: der blockierte Kundalini-Prozess
* rechts: der befreite und stabilisierte Kundalini-Prozess

Pe/Dü wird zusammengeführt.
He/3E wird zusammengeführt.

Wie Lakshmi-Nadi arbeitet

Die Energie des Lakshmi-Nadi funktioniert nicht wie die übrigen Kundalini-Prozesse. Er ist der einzige Prozess, der den Körper nicht verlässt, um zur ewigen Seele aufzusteigen. Die Kundalini-Lakshmi-Energie hat die Verbindung über die spirituellen Chakren zur Seelen-Energie. Lakshmi-Nadi bleibt im Körper, damit wir jederzeit die Transformation im spirituellen Solarplexus erkennen und initiieren können.

Würde Lakshmi-Nadi den Körper verlassen, käme das einer Verbrennung, dem Tod, gleich. Würden sich die zwei Yin-Prozesse und die zwei Yang-Prozesse zusammenschließen, hätte das einen Kurzschluss zur Folge. Verbinden sich beide Yin-Wege, gibt es eine Implosion. Verbinden sich beide Yang-Wege, gibt es eine Explosion. Das könnte einen Herzinfarkt oder eine Selbstverbrennung bewirken. Die Verbindung der beiden Yin-Wege kann beispielsweise das Kollabieren von Organen veranlassen. In jedem Fall ist dieser Prozess tödlich.

Lakshmi-Nadi hat einen doppelten Kundalini-Prozess, zwei Yin- und zwei Yang-Energien, welche sich im Herz-Chakra kreuzen. Lakshmi ist dem Solarplexus zugeordnet. Damit die Blockierung beziehungsweise die Spiegelung im Herz-Chakra verstanden wird, braucht es die Transformation im Solarplexus.

Die zwei Yang-Energien sind Dünndarm (Dü) und dreifacher Erwärmer (3E). Die zwei Yin-Energien sind Herz (He) und Perikard (Pe). Mit seinem doppelten Prozess kontrolliert und begleitet Lakshmi-Nadi den holografischen und den spirituellen Körper.

Dü/He haben über die Meridiane den direkten Kontakt zu unserer Seele und unserem Wurzel-Chakra. 3E/Pe stehen durch das Sakral-Chakra in direktem Kontakt zu unserem grundsätzlichen Sein. Durch die Verbindung des Sakral-Chakras zum Kronen-Chakra sind wir in Verbindung mit unserer Seele.

Durch die Reflexion unseres grundlegenden Bodens, dem Wurzel-Chakra, dem Sakral-Chakra und der Transformation im Solarplexus, treten wir in Verbindung zu unserer Seele.

Durch die Transformation unserer Themen im Solarplexus werden die Yin- und Yang-Systeme miteinander verbunden. Beide Wege, der Yin- und der Yang-Weg, müssen einen geschlossenen Energiekreislauf im Körper bilden. Das bedeutet, dass sich He/3E und Pe/Dü zusammenschließen müssen.

Das bringt uns in Kommunikation mit der holografischen und spirituellen Ebene und schenkt uns Stabilität, Milde und Güte.

Lakshmi offenbart die Öffnung des Herz-Chakras, in welchem der Sarasvati-Nadi fließt. Sind wir in Demut und Hingabe, erleben wir ein Empfangen, das unsere Energie in eine wesentlich höhere Ebene bringt.

Lakshmi-Nadi bewirkt einen Heilprozess, weil sie die Energie auf der körperlichen und auf der spirituellen Ebene zusammenhält. Die Heilung des Lakshmi-Nadi bezieht sich auf das Verstehen der Ganzheit des Menschen und die Entwicklung aus dem holografischen Leben in das spirituelle Leben hinein.

Die Entwicklung des Menschen in der Energie des Lakshmi-Nadi

Lakshmi-Nadi ist der spirituelle Weg der Begegnung mit uns selbst.

- Es ist die Begegnung mit unserem Herzen und unserer Seele.
- Es ist der Prozess der Heilung und der Stabilisierung. Wir sind in ständiger Transformation und begegnen uns jederzeit als spirituelles Wesen.
- Wir verstehen die Reflexion und die Transformation in unserem Solarplexus. Die Offenbarung der Herzöffnung wird erkennbar. Wir begreifen die Begegnung mit uns selbst. Das Herz-Chakra öffnet uns den Weg zu tiefem Mitgefühl und Liebe.

Die Begegnung mit uns selbst

Im Solarplexus öffnen und offenbaren wir uns selbst in Frieden und Gelassenheit. Im Spiegel unseres Daseins sehen und verstehen wir unsere psychologischen Teilpersönlichkeiten. Die Spiegelung unserer grundlegenden Themen findet im Solarplexus statt.

Durch unsere Transformation und den Aufstieg in der Begegnung der Spiegelarbeit mit uns selbst und dem Wahrnehmen unserer Seele erkennen wir das spirituelle Wesen in uns. Wir verstehen, dass wir weit mehr sind als unser körperliches Dasein.

Der spirituelle Spiegel ist der Aufbruch zum Wissen und Erkennen des holografischen Systems. Wir enthüllen unseren weltlichen und spirituellen Spiegel. Unsere Fesseln lösen sich auf. Wir öffnen uns in Klarheit und Deutlichkeit uns selbst gegenüber.

Wir entscheiden ohne Angst. Wir sind offen und ehrlich. Wir sprechen aus dem wahren Kern heraus, werten und verletzen nicht.

Der Lakshmi-Prozess wirkt sich heilend auf unser System aus. Das Kundalini Wasser wird mit den Erkenntnissen aufgefüllt, die sich aus der Reflexion im Solarplexus ergeben. Somit können wir die Herzöffnung manifestieren und den Sarasvati-Nadi in Bewegung bringen.

Vergeben wir uns selbst, versöhnen wir uns mit anderen Menschen. Wir begreifen, dass unsere Vorwürfe und Enttäuschungen, unser Groll, unsere als gerechtfertigt empfundenen Emotionen anderen Menschen gegenüber in Heilung und Versöhnung gebracht werden wollen. Wir verlassen das menschliche Drama.

Lakshmi-Nadi bringt eine immer tiefere Öffnung in unsere holografische und spirituelle Lebensform. Die Lebensgeschichte wird neu und umfassender reflektiert. Das Bewusstsein wird dauerhaft erweitert. Wir bewegen uns in höhere und ebenso tiefere Dimensionen.

Das Bewusstsein für unser spirituelles Wesen ist voller Freude und manifestiert dieses Geschenk in das Wirken nach innen und nach außen.

Prozess der Heilung und der Stabilisierung

Lakshmi-Nadi verfügt als einziger Kundalini-Prozess über vier Energiestränge. Durch diese werden wir mithilfe unseres geschulten Bewusstseins als spirituelle Wesen im holografischen Körper stabilisiert.

Ist unser Körper stabil, haben wir genügend Halt, die kosmische Energie in uns aufzunehmen. Die spirituelle Dimension dehnt sich verlässlich im Körper und in unserem Energiefeld aus.

Lakshmi-Nadi ist der absolute Heilprozess. Der heilende Aspekt ist die ständige Transformation. Lakshmi hat gemeinsam mit Manas und Hrit die Kontrolle über die holografische und spirituelle Form der Transformation.

Das bedeutet, dass wir keine Muster und Glaubenssätze mehr einlagern. Wir befinden uns in ständigem Kontakt und Austausch mit unserer Transformationskraft. Erleben wir eine Kränkung, lagern wir diese nicht mehr ein. Wir nehmen das Ereignis nicht in unser System auf. Wir verstehen und lassen los, was losgelassen werden muss. Das ist das große Geschenk der permanenten und selbstverständlichen Transformation.

Vorbereitung der Herzöffnung

Wir spiegeln unseren Lebensbaum in der tiefsten und höchsten Ebene und machen den Schritt, der zu unserer Herzöffnung führt.

Das ist die Vorbereitung und der Weg in die Herzöffnung. Durch die Energie des Lakshmi-Nadi beginnt der Herzensprozess Sarasvati-Nadi im Herz-Chakra zu fließen.

Körperliches und emotionales Bewusstsein münden in Mitgefühl und Heilung für uns selbst.

Wir folgen dem Rhythmus der Herzöffnung, sind nicht mehr ständig unter Spannung und bewegen uns in unserem eigenen Lebensrhythmus.

Wir fürchten uns nicht davor, Zeit zu verlieren, wir gewinnen Zeit. Wir verstehen und verändern unsere Stressmuster. Dadurch gelangen wir in einen Rhythmus der Gelassenheit, Stille, Ruhe und Meditation.

Wir erleben diese Zeit des Übergangs bewusst. Wir lassen uns nicht ablenken und schreiten auf unserem Lebensweg mit Zuversicht und Vertrauen voran.

Wir leben jeden Schritt unseres Lebens, ohne zu wissen, was uns erwartet. Wir lassen die Bestrebung los, etwas erreichen zu müssen.

Kundalini-Sarasvati-Nadi

Blockaden in unserem Fundament

Unser Grundfundament ist der Spiegel des Herz-Chakras in Verbindung zum Element Metall.

Im Herz-Chakra ist das universelle Erkennen. Es ist als erstes Chakra spirituell ausgerichtet. Im nachfolgenden Text unterscheiden wir zwischen der holografischen und der spirituellen Transformation.

Holografische Transformation

Die Reflexion unserer holografischen Lebensgeschichte, unseres Grundbodens, findet im Dreieck des Wurzel-Chakras, des Sakral-Chakras und des Solarplexus statt.

Haben wir diese Reflexionsarbeit nicht erledigt, kann das Herz-Chakra, im Spiegel zum grundlegenden Boden, diese Arbeit noch nachholen. Es geht um das restliche holografische Aufräumen im Metall. Das, was noch übrig bleibt und in unserem Grundboden noch nicht reflektiert wurde, gilt es anzuschauen und zu transformieren. Hier schauen wir in den Ursprung zurück, um die restliche Lebensgeschichte aufzuräumen.

Das Element Metall wirkt sehr analytisch. Ist unsere Emotionalität noch undifferenziert, bewegen wir uns in einem Schema von verwirrtem und nicht befreitem Denken. Wir sind an alte Erfahrungen angebunden, mit einem kurzsichtigen und engen Röhren-Blick. Wir sehen nur, was wir sehen wollen.

Die Energie unserer Sprache schöpft nicht aus dem eigenen inneren Wissen, sondern zitiert das Wissen anderer.

Unsere Gefühlswelt nimmt uns den Atem oder es quälen uns depressive Verstimmungen. Verletzungen, Beleidigungen und Kränkungen lagern wir oft unbewusst in unserem Herzen ein. Im System eingeschlossen, werden sie zu immer größeren Wunden. Die Emotionen verselbstständigen sich und reagieren auf eine bestimmte Situation, die wir als verletzend empfinden. Die Wunde ist nicht verheilt. Wird sie berührt, ruft sie große Schmerzen hervor.

Als Kind mussten wir Strategien entwickeln, um zu überleben. Jetzt können wir frei entscheiden, ob wir Verletzungen weiter aufrechterhalten oder loslassen wollen. Wir haben jederzeit die Möglichkeit, uns zu entscheiden, diese Emotionen zu erkennen, sie zu analysieren und zu verändern. Wir dürfen verstehen, dass wir genügend Sicherheit in uns tragen, ohne diese alten Emotionen und Erfahrungen bewahren und kultivieren zu müssen. Die Grundlage ist die Selbstliebe und die Güte, uns und anderen zu vergeben. Wir haben die Größe und die innere Stärke, uns mit allem, was einmal war und jetzt ist, zu versöhnen.

Haben wir das verstanden, beginnt die Entwicklung aus den holografischen Verstrickungen in die echte Qualität der Liebe und des Mitgefühls. Erkennen wir die Bedeutung der angebundenen Emotionen an alte verhaftete Erfahrungen, können wir sie identifizieren und transformieren. Diese entwickeln sich danach zu freien und spirituellen Emotionen. Die spirituelle Energie kann fließen. Wir befreien uns aus dem Schmerz und gewinnen neue Sichtweisen.

Der steinigste Weg in unserem Leben ist der Weg zu unserer Herzqualität. Der Weg ist so schmerzhaft, weil wir alte Erfahrungen, verbunden mit vielen Emotionen, oft nicht loslassen. Dieser Weg macht Angst. Wir können uns nicht mehr an Gewohntem festhalten. Ermächtigen wir uns, loszulassen, bringt uns das zu innerer Aufrichtigkeit und Gerechtigkeit. Das ist die Energie der edlen Ritterin. Wir sehen den Sinn und die Sinnlosigkeit des Alltags.

Spirituelle Transformation

Unsere Spiritualität spiegelt sich in unserem Herz-Chakra. Im befreiten Herz-Chakra zeigen sich die Themen nur noch auf der energetischen Ebene.

Wir erkennen im Spiegel des Herz-Chakras, wie wir unsere spirituelle Lebensgeschichte verstehen und aufräumen dürfen. Welchen Weg sind wir noch nicht gegangen? Welche Schritte haben wir noch nicht gemacht? Was fehlt noch an Transformation in unserem Leben?

Wir reflektieren hier nicht mehr unsere holografische Lebensgeschichte, sondern unsere spirituelle Biografie. Wir setzen uns mit der Manifestation der Menschwerdung, dem Tod und dem Verstehen von Anfang und Ende auseinander.

Im spirituellen Herz-Chakra setzen wir unser Seelen-Wissen um, damit wir aufsteigen können. Das ist die Rückerinnerung an unsere Seelenaufgabe. Wir erkennen, was es noch braucht, um die Erfüllung unserer Lebensaufgabe zu erreichen.

Es geht um die Reflexion der Erkenntnis während unserer eigenen Schwangerschaft. Wir erkennen unsere Seelen-Energie, das Ankommen auf der Erde und unsere körperliche Manifestation. Wir dürfen verstehen, dass Leben und Tod zusammengehören und in unserem Bewusstsein integriert werden dürfen. Wird uns diese Endlichkeit bewusst, begreifen wir den großen Zyklus des Werdens und Vergehens.

Wir begreifen, dass wir nur Besucher auf dieser Erde sind. Das gibt uns eine andere Beziehung zu unserer inneren und äußeren Natur. Wir verstehen unsere Herzqualität und kommen ins Mitgefühl, in die Liebe und in die Wertschätzung gegenüber uns selbst und anderen Menschen.

Durch die Transformation unserer Lebensgeschichte erfahren wir unsere Spiritualität. Wir verstehen die Notwendigkeit des Transformationsprozesses und integrieren ihn. Das hat große Auswirkungen auf unser Leben.

Dadurch sind wir in der Lage, alles in einen größeren Kontext zu stellen. Wir schließen uns dem allumfassenden, höheren Zyklus an und werden frei von Ängsten und Erwartungen. Der Weg zur inneren Meisterin kann sich öffnen.

Ist die Transformation verstanden, kann sich die Energie von Sarasvati-Nadi ganzheitlich entwickeln. Liebe, Mitgefühl und Reinheit können aus dem Herzen heraus gelebt werden.

Mögliche Phänomene

Ist die Kundalini-Energie in Bewegung, reagieren wir oftmals mit Phänomenen und Symptomen.

Phänomene, die Sarasvati-Nadi auslösen kann, sind Thematiken, die sich vor allem aus der Pathologie des Elements Metall ergeben.

Das können Probleme sein wie:

- Haut: Ekzeme und Hautkribbeln
- Zittern am ganzen Körper, Gefühlsüberflutung
- Stimmungsschwankungen, Euphorie und Depression
- Restless Legs (unruhige Beine), massive Kälte und/oder massive Hitze
- Gedanken-Wirrwarr, unklares Denken; Atemstörungen, Gefühl von Ersticken
- Orientierungslosigkeit, Verlorenheit, zu große Ausdehnung der Energiefelder
- spirituelle Unsicherheit oder die totale Verweigerung, sich spirituell wahrzunehmen

Der Aufstieg durch den Sarasvati-Nadi

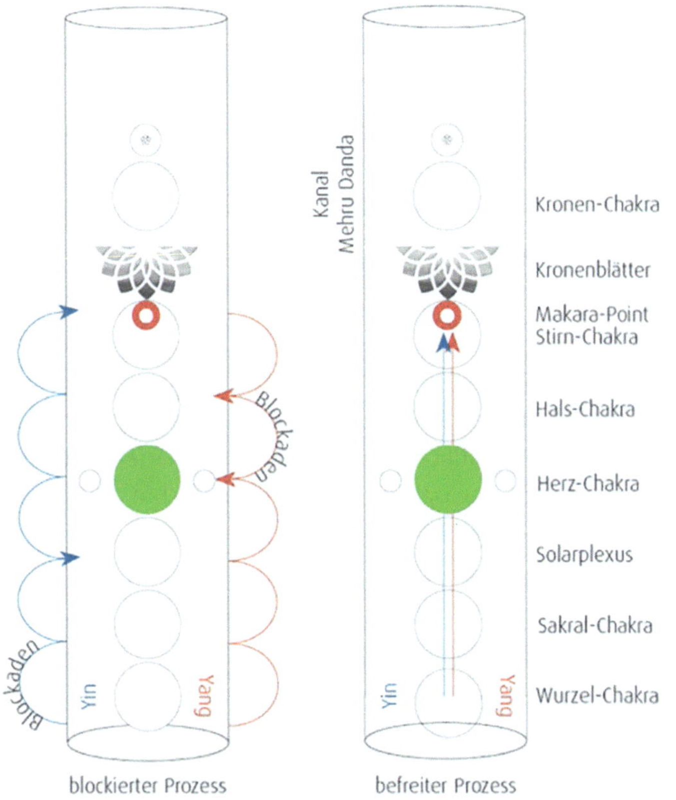

Modell: Kundalini-Sarasvati-Nadi-Prozess

* links: der blockierte Kundalini-Prozess, verbiegt den Sushumna-Kanal

* rechts: der befreite Kundalini-Prozess

Wie Sarasvati-Nadi arbeitet

Die blockierte Sarasvati-Nadi Energie bewegt sich ruppig. Sie verformt und verbiegt den Sushumna-Kanal, was viele Phänomene hervorruft, die jedes Element sowie jedes Chakra betreffen können.

Brechen Erinnerungen an alte Kindheitserfahrungen auf, kann das Element Wasser alles überschwemmen und der Sturm der Emotionen im Element Metall kann verstören. Kommt das alles zusammen, kann die Energie des Sarasvati-Nadi im Kanal nach allen Seiten fließen.

Die abwärtsstrebende brüske Bewegung bringt Blockaden aus dem Wurzel-Chakra, dem Sakral-Chakra und dem Solarplexus hervor. Das sind die Themen unseres Lebensbodens.

Wir sind noch angebunden an diese grundlegenden Erfahrungen, haben immer noch innere Kinder-Energien, die nicht erwachsen und verstanden sind.

Die Energie von Sarasvati-Nadi bewegt durch ihre energetische Erschütterung den Sushumna-Kanal. Sein Bedürfnis ist es, eine Entladung herbeizuführen, um das menschliche Bewusstsein zu schärfen. Die Sarasvati-Energie weist mit ihrer großen Reinheit darauf hin, dass unser Herz-Chakra geweckt werden will.

Die Kraft des Sarasvati kann dazu führen, dass Hirnzentren vorübergehend geöffnet werden. Es können sich verschiedene Fähigkeiten zeigen, Zugänge zu hohen Wesenheiten, zu speziellen Lichtwesen und Erfahrungen zu universalen Abläufen.

Diese Phänomene sind jedoch vorübergehend und werden als Glim (Licht) bezeichnet. Sie weisen auch darauf hin, dass unser Wissen aktiviert ist und sich als Momentaufnahme aus früheren Inkarnationen zeigt. Diese Energie wird uns gewahr und will erfahren werden.

Die Erschütterung des Sarasvati lässt alte Ideen zusammenfallen. Sie bringt neue Situationen hervor, damit wir die Blockierung erkennen. Vor allem das Herz-Chakra wird bewegt und spiegelt mit den zwei Energien Manas und Hrit das spirituelle Bewusstsein.

Die Arbeit besteht darin, diese Themen zu bearbeiten, den Kanal zu stärken und in die Stabilität zu bringen.

Die Entwicklung des Menschen in der Energie des Sarasvati-Nadi

Sarasvati-Nadi ist der spirituelle Weg des Herzens.

- Der spirituelle Weg des Herzens beruht auf Liebe, Mitgefühl, Reinheit und das Verstehen der nicht gebundenen Emotionen.
  Wir sind berührbar bis in unsere Seele und spüren auch alle anderen Wesen in ihrer wahren Essenz. Durch die transzendente Liebe des Herz-Chakras wird es uns möglich, zarte Offenheit zuzulassen und wertfrei zu leben. Wir ruhen im Göttlichen, in Liebe und Freundlichkeit. Es ist die Entwicklung der gewaltlosen Kommunikation und der wahren Liebe. Unsere Gedanken und Handlungen erschaffen eine neue Welt, in der wir verstehen, dass alles miteinander verbunden ist und einer spirituellen Idee entspringt.
- Das Wissen des »ewigen Werdens und Vergehens«.
  Die Verwandlung vom holografischen zum spirituellen Menschen.
  Der permanente Transformationsmodus und die spirituellen Emotionen.
  Das Bewusstsein über den Tod und die Verwandlung in eine neue Dimension.

Liebe, Mitgefühl, Reinheit und das Verstehen der nicht gebundenen Emotionen

Das Wissen des Sarasvati-Nadi bewirkt die Entscheidung, durch die Schwangerschaft zu gehen und uns selbst mit unserem Wesen im Leben zu manifestieren. Die Energie ist bestrebt, die Schwangerschaft und das

Leben zu bereinigen, zu transformieren und uns in die göttliche Weisheit zu führen.

Nachdem sich die Suche nach Liebe im Außen erschöpft hat, verstehen wir, dass wir selbst die Liebe in uns finden, die wir so sehr gesucht haben. Wir verstehen, dass Liebe aus der Ganzheit kommt und nicht aus einer Bedürftigkeit oder Anbindung entsteht.

Erst die tiefe Selbstliebe erlaubt uns die Wunden restlos zu heilen, die durch unsere Bedürftigkeit und Abhängigkeit verursacht wurden.

Durch die Verbundenheit mit unserer Seele erkennen wir, dass die Liebe für uns selbst von der persönlichen Transformation herrührt.

Das, was daraus erwächst, können wir in Reinheit weitergeben. Nur transformierte, nicht gebundene Emotionen können im Licht der Liebe weitergegeben werden.

Ist die Sarasvati-Energie für den Menschen verfügbar, sind wir selbst Quelle der Liebe und des Mitgefühls. In der Öffnung dieser Herzensweisheit erkennen wir den Raum jenseits der Dualität, den Zyklus der Schwangerschaft, Inkarnation, Transformation und den Tod, den Fluss des ewigen Lebens.

Das Herzenswissen des Sarasvati-Nadi – Mitgefühl und reine Liebe – ist in unserer Seele angelegt und begegnet uns wieder während der Schwangerschaft. Unbewusst verzeihen wir unserer Mutter ihre Glaubenssätze und Muster, die sie uns in dieser Zeit übergibt, damit wir unterscheiden können, was zu uns gehört oder nicht. Es ist die erste Form der unbewussten Transformation.

Leben wir die reine Energie der Liebe und des Mitgefühls, erkennen wir das Wesen der Natur, des Menschen und der Lebewesen in der Natur. In der Schwingung der reinen Liebesenergie erkennen wir die Energie des Ganzen, losgelöst vom Besitzenwollen, in der bedingungslosen Annahme des Gebens und Nehmens.

Der Blick ändert sich, der energetische Blick öffnet sich und wir sehen den Kern und die Lebendigkeit aller Wesen. Wir lassen uns vom Weg des

Herzens in die Weisheit der Seele führen. Wir erkennen den universellen Gedanken.

Das Wissen des ewigen Werdens und Vergehens

Das Wissen des Sarasvati-Prozesses ist der Mittelpunkt des holografischen und spirituellen Menschen. Das Herz-Chakra befindet sich zwischen den drei unteren und den drei oberen Chakren.

Hier geschieht die Umwandlung vom holografischen in den spirituellen Bewusstseinszustand. Wir entwickeln uns vom verdichteten Menschen mit seinen Mustern und Glaubenssätzen zum spirituellen und *transzendenten Wesen.

Die Beziehung zu unserer Seele führt uns in die Transzendenz. Die Verbindung wird kraftvoller und feiner. Unser Körper schwingt in einer höheren Frequenz.

Berührt uns die Seele, offenbart sie ihr Wissen und ihre Schönheit. Berührt sie etwas Schmerzvolles in uns, wandelt sie es um und heilt es.

Die Emotionen, die uns im Alltag immer wieder einholen, werden durch unsere Transformationsarbeit zu spirituellen Emotionen. Sie bleiben ein Leben lang unsere Begleiter, bestimmen uns jedoch nicht mehr und wir kreieren keine neuen Bindungen an alte Ereignisse.

Wir befinden uns in einem fortlaufenden Transformationsprozess, weil Manas und Hrit in dauernder Kommunikation mit unserem Herz-Chakra und unserer Seele sind. Wir bewegen uns auf dem spirituellen Weg, lagern keine neuen Muster und Erfahrungen ein, erkennen und bearbeiten sie oder lassen sie los. Wir ordnen sie ein, verstehen sie und gehen weiter auf unserem Weg. Durch die Verbindung von Sarasvati-Nadi zu unserer Seele bleiben wir ungebunden und frei.

Diese spirituelle Herzöffnung führt uns in verschiedene Dimensionen. In diesen Energie-Ebenen bestimmen andere Gesetze unser Dasein. Es gibt keine Vergangenheit, keine Zukunft, nur den Moment im Hier und

Jetzt. Die Beziehung zu uns selbst verändert sich und weitet sich auf unser Seelen-Wissen und unsere wahre Lebensaufgabe aus.

Wir öffnen uns dem Wissen aus alten Inkarnationen. Wir erfahren die Leere, ein Zustand des Samadhi und die bedingungslose Liebe und *Demut.

Sarasvati-Nadi lehrt uns das Wissen von der Transformation des Lebens und des Todes, den ewigen Kreislauf. Wir verstehen unsere Lebensaufgabe und unseren Lernprozess. Uns wird bewusst, dass wir in den ewigen Kreislauf eingebunden sind. Die Geburt erfolgt in eine neue Dimension, sei es im Leben oder im Tod. Das ewige Leben, die ewige Transformation, das Unsterbliche, das spirituelle Wesen und das Formlose erschließen sich uns.

Kundalini-Sushumna-Nadi

Blockaden in unserem Fundament

Das Hals-Chakra ist spirituell ausgerichtet und öffnet das universelle Verstehen. Ebenso wie beim Herz-Chakra, unterscheiden wir zwischen der holografischen und der spirituellen Transformation.

Das Fundament der Sushumna-Energie ist das Element Holz.

Holografische Transformation

Ist Sushumna-Nadi blockiert, muss sich die Transformation in unserem grundlegenden Boden ereignen, dem Erde/Wurzel-Chakra, dem Wasser/Sakral-Chakra und dem Feuer/Solarplexus. Es ist vor allem die Reflexion im Solarplexus, die sehr wichtig ist und immer wieder hinterfragt werden muss.

Menschlich gesehen ist das Element Holz ein schicksalhaftes Element, weil sich darin die Auswirkungen des Elements Metall und die damit verbundenen Themen der Schwangerschaft sowie des Elements Wasser und die damit verbundenen Themen aus der Kindheit manifestieren.

In der Pubertät erkennen wir unsere Lebenshaltung und das, was uns ausmacht und auszeichnet. Wir entscheiden uns für unseren Lebensweg. Wir sind auf der Suche. Entscheidend ist, ob wir unsere Kindheitsgeschichte reflektieren oder die Glaubenssätze, Muster und Bilder aus unserer Kindheit weiter in uns tragen.

Sind wir nicht bereit, das Übernommene zu verändern, agieren wir aus der Ohnmacht heraus. Unser Fundament ist mit Erschöpfung gesättigt, belastet und blockiert. Diese Belastungen aus unserer Kindheit, aus dem Element Wasser, werden immer wieder genährt.

Reflektieren wir diese Emotionen nicht, gehen wir nicht unseren eigenen Weg, wir gehen den Weg im Spiegel von Vater, Mutter und gesellschaftlichen Werten und Normen.

Gehen wir nicht auf unserem eigenen Weg, kann die ehrliche und bejahende Kreativität nicht in unser Leben einkehren. Wir versinken in den Urgefühlen des Überlebens. Wir verhindern unsere alltägliche und spirituelle Entwicklung, uns selbst begegnen zu können.

In dieser Gefühlsüberflutung breiten sich Wut und Aggression aus. Es besteht die Gefahr, dass wir uns dauernd überfordern. Möglicherweise kann uns das rasch in ein Burn-out oder in eine Depression führen. Wir nehmen das Leben als Kampf wahr und agieren und reagieren aus dieser grundlegenden Lebenshaltung heraus.

Wir können nicht hinsehen, weil wir die Wahrheit erkennen müssten. Wir sehen unsere Fehler, aber wir wollen lieber manipulieren, anstatt uns mit ihnen zu konfrontieren. Wir rücken alles so zurecht, dass wir die Kontrolle erlangen, herrschen oder beherrschen können.

In dieser Lebensweise haben wir keine ausgeglichene und eigene Aktion, wir sind nur in der Reaktion. Wir sind uns selbst gegenüber blind und ignorant (Leberenergie).

Um wieder in die Gerechtigkeit mit uns selbst zu kommen, benötigen wir den Kontakt mit der edlen Ritterin im Element Metall. Sie zeigt uns auf, was unser blitzschneller Verstand alles verdrängen will.

Wenn wir etwa verstehen, dass wir »Nein« sagen können und trotzdem nicht allein gelassen werden, vielleicht sogar deshalb wertgeschätzt werden, transformieren wir die entsprechenden Muster, Glaubenssätze und ungesunden Vorstellungen. Die innere Meisterin, die Instanz des Wissens in uns, kann sich öffnen und wir finden einen neuen Zugang zu ihr und somit zu uns selbst.

Spirituelle Transformation

Im Hals-Chakra liegt unser spiritueller und universeller Weg als Meisterin. Wir sind zur wissenden Meisterin geworden und leben sie. Unser universelles Verständnis unterstützt uns beim Vorwärtsgehen auf unserem spirituellen Weg.

In Demut und Gelassenheit sind wir im Hals-Chakra mit dem Herz-Chakra verschmolzen. Das universelle Erkennen befindet sich im Herz-Chakra, das universelle Verstehen befindet sich im Hals-Chakra. Das Hals-Chakra lebt aus der Essenz des Herz-Chakras heraus.

Ist unser Fundament bearbeitet und verstanden, können das befreite Herz-Chakra und das Hals-Chakra miteinander kommunizieren und ihren Weg gehen. Das bedeutet, dass die Verschmelzung der inneren Meisterin und der edlen Ritterin zum Verstehen und Transformieren der jetzigen Umstände führt.

Dieses Begreifen bewegt das Wissen der inneren Meisterin und wir setzen es in der persönlichen Handlung und Haltung um.

Diese Verschmelzung geschieht Schritt für Schritt und führt uns in eine hohe spirituelle Verbindung von Seele, Geist und Körper. Sanftheit, Gelassenheit, Wertschätzung und Güte sind die Energien, die daraus erwachsen.

Das verleiht uns eine innere Sicherheit, wir wachsen spirituell und sind zielorientiert, um den Lebensweg im inneren Wissen zu gehen. Wir lernen uns selbst zu vertrauen. Das ist der Übergang zu unserer spirituellen Lebensform.

Mögliche Phänomene

Ist die Kundalini-Energie in Bewegung, reagieren wir oftmals mit Phänomenen und Symptomen. Phänomene, die Sushumna-Nadi auslösen kann, sind Thematiken, die sich vor allem aus der Pathologie des Elements Holz ergeben.

Das können Probleme sein wie:

- Muskelzuckungen und Muskelzittern, Zappelphilipp
- Seh- und Hörphänomene, wie Lichtfunken, innere schöne oder schmerzvolle Klänge, übersteigerte Wahrnehmung der spirituellen Erfahrungen
- Symptome der angenehmeren Art sind kreative »Anfälle«, bei denen plötzlich mühelos Gedichte, Geschichten, Bilder oder Lieder hervorsprudeln.
- Bilderhalluzinationen, Augenstörungen
- spirituelle Anmaßung
- Depressionen

Der Aufstieg durch den Sushumna-Nadi

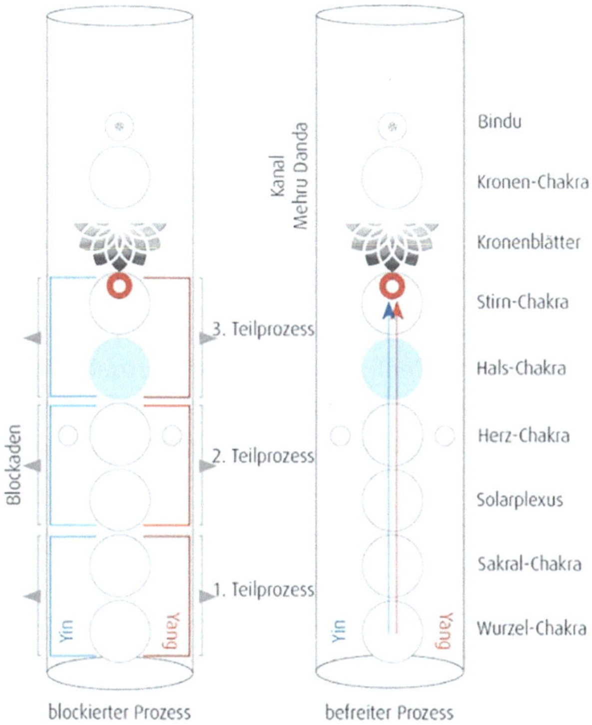

Modell: Kundalini-Sushumna-Nadi

* links: Der Kundalini-Prozess ist in drei verschiedenen Teilprozessen blockiert.

* rechts: Der Kundalini-Prozess läuft in den Chakren, die Teilprozesse werden aufgelöst.

Wie Sushumna-Nadi arbeitet

Ist der Sushumna-Nadi blockiert, ist er in drei Teilprozesse gegliedert. Jeder dieser drei Prozesse kann einzeln blockiert sein.

Im ersten Teilprozess befindet sich die Kundalini-Energie zwischen Wurzel-Chakra (Erde) und Sakral-Chakra (Wasser). Die beiden Chakren bilden unseren Boden, repräsentieren unsere Familie und unseren Lebensbaum.

Im zweiten Teilprozess befindet sich die Kundalini-Energie zwischen Solarplexus (Feuer) und Herz-Chakra (Metall). Im Solarplexus bearbeiten wir die Reflexion zu uns selbst und im Herz-Chakra ereignet sich die Reflexion aus unserem Mitgefühl heraus.

Unverarbeitete Emotionen können sich im physischen Herzen manifestieren und uns zu der Annahme bringen, dass holografische Emotionen die absolute Wahrheit sind. In Wirklichkeit sind es Emotionen, die absolut edel sein können, in unserem psychologischen und physischen Herzen aber voller Trübungen und Annahmen aus alten Erinnerungen sind.

Im dritten Teilprozess befindet sich die Kundalini-Energie zwischen Hals-Chakra (Holz) und Stirn-Chakra (Zentralgefäß/Gouverneursgefäß). Das Hals-Chakra beinhaltet die Kommunikation mit uns selbst und unserem Gegenüber. Das Stirn-Chakra bringt uns in die Reflexion mit der geistigen Welt.

Ist einer dieser Teil-Energien blockiert, kann die Sushumna-Nadi nicht in den Makara-Point aufsteigen.

Es ist wichtig, alle Teilprozesse zu bearbeiten und zu transformieren. Insbesondere aber ist der zweite Teilprozess von großer Bedeutung. Im Solarplexus reflektieren wir aus allen Elementen unsere Biografie, ihren Ursprung und ihre Auswirkungen.

Die Entwicklung des Menschen in der Energie des Sushumna-Nadi

Der spirituelle Weg der gewaltlosen Kommunikation

- Der Ausdruck der Sprache in der Weisheit. Die Fähigkeit des Sprechens und Zuhörens auf Herzensebene. Die Erfahrung, mit unserem inneren, einfühlsamen Wesen in Kontakt zu bleiben.
- Die Öffnung zur inneren Meisterin. Die edle Ritterin und die innere Meisterin sind in ihrer höchsten Ausdrucksweise. Der Schritt ins universelle Verstehen.
- Unser Lebensplan findet im Alltag seinen Ausdruck über die universelle Verbindung.

Der Ausdruck der Sprache in der Weisheit

Durch unsere Transformationsarbeit erkennen wir uns selbst; wir wissen, wer wir sind. Wir verstehen viele unserer Lebensmuster und die unterschiedlichen Formen unserer Verdrängungsmechanismen. Diese Transformation drückt sich in unserer grundlegenden Kommunikation aus.

Die gewaltlose Kommunikation eines befreiten Hals-Chakras entspringt dem befreiten Herzen. Unsere Haltung ist selbstbestimmt und unabhängig. Auf diese Weise formen wir unsere Gedanken und Gefühle, unsere Sprache und Handlung.

Wir haben erkannt, dass uns unsere angebundenen Emotionen blockieren und in immer tiefere Verstrickungen ziehen. Erst dieses Wissen um das Wesen der holografischen Emotionen bringt uns in die spirituellen Emotionen und Erfahrungen.

Emotionen werden uns begleiten, solange wir Menschen sind. Die Frage ist, wie wir damit umgehen. Holografische Emotionen vereinnahmen uns und beeinflussen unsere Sichtweise und Argumentation.

Die spirituellen Emotionen sehen und fühlen wir aus einer verstehenden Distanz. Wir erkennen die emotionalen Systeme. Unsere Reaktion auf diese Gegebenheiten basiert auf dem Mitgefühl. Wir sind frei. Unsere Emotionen und diejenigen unserer Mitmenschen haben nicht mehr die Kraft, uns zu bestimmen. Wir gehen wissend, still und leise durch Wut oder Enttäuschung und transformieren ununterbrochen.

Gandhi sagt, dass sich unser einfühlsames Wesen wieder entfalten kann, wenn die Gewalt in unseren Herzen nachlässt oder versöhnt ist.

Sushumna hat die Weisheit zu unterscheiden, welche Themen und Emotionen holografisch und welche spirituell sind. Die Entscheidung, spirituelles Wissen zu erschließen und dieses in eine klare Form zu bringen, die auch im Alltag verstanden/gelebt wird, bringt uns in ein umfassendes Licht der Bewusstheit.

Die Fähigkeit des aufrichtigen Sprechens und Zuhörens bringt uns in ein Gefüge der spirituellen Führung, für uns und andere Menschen. Sie ermöglicht es, uns selbst, unseren Mitmenschen, der Natur, dem Universum und der geistigen Welt zuzuhören. Zuhören bedeutet, den Kontakt mit der inneren Stille, das einfühlsame Wesen in uns zuzulassen und wahrzunehmen.

Diese spirituelle Erkenntnis zu leben, ist eine Kreation des neuen transformierten Menschen. In Freiheit zu leben, bedeutet, die spirituelle Erfahrung im neuen Bewusstsein zu integrieren und umzusetzen.

Die Öffnung zur inneren Meisterin

Die innere Meisterin ist die Wissende der Urkraft und der karmischen Verbindungen. Die Urkraft beinhaltet das Seelen-Wissen, welches wir über viele Inkarnationen gesammelt haben. Dieses Wissen machen wir uns durch unsere Fähigkeit der Transformation und des Loslassens wieder zugänglich. Wir sind in Verbindung mit diesem Seelen-Wissen, das spirituell und universell ist.

Die Öffnung zur inneren Meisterin hin bedeutet, dass wir wissen, welche inneren und äußeren Schritte zu tun sind, um die spirituelle Führung für uns selbst zu übernehmen. Wir erhalten Zugang zum Wissen, zur göttlichen Grundidee.

Die edle Ritterin ist die Justitia in uns und die Wissende der Herz-Energie. Sie vermittelt uns ein tiefes Bewusstsein dafür, in Eigenverantwortung zu leben. Das befähigt uns, Situationen, Muster, Leid und Schmerz anzunehmen und loszulassen. Das Wissen des Loslassens ist ein mächtiger Schlüssel, um die Kraft der inneren Meisterin zu erschließen.

Die Vereinigung der edlen Ritterin in der Herzenskraft mit dem Wissen der inneren Meisterin kann in höhere spirituelle Dimensionen aufsteigen. Durch diese Vereinigung wird die unendliche Weite und Liebe verstanden, ein Tanz der Kraft und des Wissens gestaltet sich.

Dieses allumfassende Erkennen und Verstehen der spirituellen Welt, diese universelle Weisheit eröffnet uns das große Wissen der heiligen Bibliothek oder Akasha-Chronik.

Der Lebensplan

Unsere spirituelle, universelle Lebensaufgabe bestimmen wir mit unserem gesammelten und verstandenen Erfahrungsschatz während unserer Inkarnationen, gemeinsam mit den geistigen Wesenheiten und unserem Seelen-Bewusstsein.

Wir bewältigen den spirituellen Aufstieg und gestalten die Gelegenheit, unseren spirituellen Seelenauftrag hier als Mensch in unser Bewusstsein zu bringen und zu leben.

Die Kundalini-Energie im Menschen strebt nach dem Aufstieg in eine höhere Dimension. Dieser Prozess geht mit einer Expansion des Bewusstseins einher. Ziel des spirituellen Aufstieges ist die Ausdehnung ins universelle Verstehen und das bewusste Gewahrwerden.

Der Aufstieg erfolgt von der dreidimensionalen über die vier- bis zur fünfdimensionalen Realitätsebene. Unser Bewusstsein dehnt sich immer weiter aus. Der Aufstieg ist die Realisation unseres wahren Seins, unserer wahren Essenz.

Der Aufstieg kann allein in der inneren Verbindung mit unserer göttlichen Quelle erfolgen. Durch diese Verbindung mit der göttlichen Essenz ist es letztendlich auch möglich, den sich wiederholenden Zyklus zu erkennen. Mit diesem universellen Verstehen erhalten wir einen Gesamtüberblick.

Kundalini Brahma-Nadi

Meridiane: ZG (Ren Mai) / GG (Du Mai)

ZG (Zentralgefäß / Ren Mai)

Die Energie des Ren Mai ist die größte Weisheit und das größte Geschenk des Menschen. ZG ist der tiefste Punkt in unserem Körper. Im ZG sind alle Informationen des bereinigten karmischen Wissens gespeichert.

Im menschlichen Körper hat das ZG die Verbindung zu allen Yin-Meridianen, das heißt, alle Informationen des Ur- und Jetzt-Wissens sind dort gespeichert. Mit diesem umfangreichen Wissen des jetzigen Lebens kann die Energie immer abgleichen und unsere noch nicht transformierten Energien aus den Elementen ins Bewusstsein bringen.

Das gesamte Seelen-Wissen wirkt sich auch im Stirn-Chakra aus, öffnet das Tor zu den spirituellen Chakren. Somit können wir die Transformationsarbeit vertieft umsetzen. Während der Schwangerschaft hüten und begleiten uns die Energien des Zentralgefäßes und des Gouverneursgefäßes in ihrer Weisheit. Sie schützen vor Kräften, die uns nicht guttun, und verhindern, dass diese ungehindert in unsere feine Energie einfließen können.

GG (Gouverneursgefäß / Du Mai)

Die Hauptaufgaben des GG sind die Koordination, der Transport und die Bewusstwerdung der Yin-Energie des ZG. GG ist der höchste Punkt in unserem Körper. Seine Energie wird genährt vom ZG. Dieses Wissen vom ZG wird durch das Stirn-Chakra gespiegelt und kann dadurch zur Transformation gebracht werden.

Ist der Weg durch die spirituellen Chakren von der Stirn bis zur Zirbeldrüse geöffnet, begleitet uns die Energie des GG und öffnet das heilige Viereck auf dem Kopf.

Durch dieses heilige Viereck kann die Kundalini unseren Körper verlassen und den Kanal zur Seele öffnen.

Die große Aufgabe des GG ist es, uns die Themen in den spirituellen Chakren (spirituelle Wurzel bis zur Zirbeldrüse) darzustellen, damit uns die Seelen-Energie bewusst wird und wir sie verstehen können.

Beim erwachsenen Menschen laufen die beiden Meridiane (ZG/GG) gemeinsam in einem ausgewogenen Zyklus. In der nachfolgenden Grafik sehen wir den Verlauf der beiden Meridiane.

Während der Schwangerschaft laufen diese beiden Meridiane nicht getrennt. Sie bewegen sich zusammen in einem kreisförmigen Energiefluss im Körper des Kindes. Sie laufen in dieser geschlossenen Energiebewegung, damit sich das Kind von seiner Seele abnabeln kann. Dieser Kreislauf schützt das Kind. Er heilt während der Schwangerschaft die Ablösung von der Seele, damit sich das Kind voll und ganz verkörpern kann. Der Kreislauf dieser beiden Meridiane ist wie ein Schutzanzug, Liebe und Vollkommenheit, ein Geschenk des Universums.

Während des Geburtsvorgangs trennen sich die Meridiane. Sie laufen dann einzeln und bilden den Kanal, damit der Kontakt zur Seele wiederhergestellt wird. Einerseits halten ZG/GG den Körper des Kindes zusammen und andererseits stellen die Meridiane die Verbindung zur Seele wieder her.

Während der Geburt kommt der Kontakt zum Seelen-Wissen wieder zurück.

ZG/GG sind ein zusätzliches Transformationssystem, eine andere Form von Manas und Hrit.

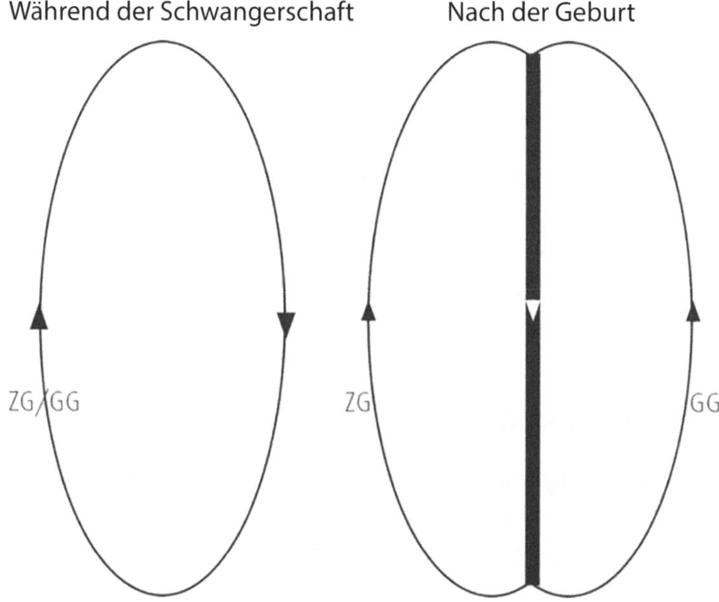

Modell: Verlauf ZG/GG

Blockaden in unserem Fundament

Das Fundament des Brahma-Nadi sind das Zentralgefäß und das Gouverneursgefäß. Wird das unbewusste Handeln – unsere Muster und Glaubenssätze – nicht reflektiert, verstanden und transformiert, kann sich unser persönliches Wachstum nicht entfalten.

Beherrschen uns unsere Ängste, bleiben wir in den Wirren der fünf Grundelemente stecken. Der unbearbeitete Boden zieht uns immer nach unten, lässt uns nicht aufsteigen. Wir bleiben in der Schwere, statt uns in die Transzendenz auszudehnen und neues Bewusstsein zu erschaffen.

Das Zentralgefäß ist die Urform und das Urwissen. Es ist der tiefste Punkt des Menschen in der Seelen-Energie, es ist unser Nieren-Jing.

Das Gouverneursgefäß ist die Ausdrucksform der spirituellen, außerkörperlichen Chakren*. Es umfasst das Kronen-Chakra, den Bindu und den weiteren Weg zur Seele.

Die Verbindung von ZG und GG ist das Urwissen, das wir auf unserem spirituellen Weg leben und manifestieren. Je weiter wir in unserer Transformationsarbeit voranschreiten, umso mehr Seelen-Wissen wird uns zuteil. Je offener wir uns selbst gegenüber werden, umso klarer kann uns die Seele im Leben führen. Das bringt Stabilität und festigt die Kommunikation und die Güte gegenüber uns selbst.

Mögliche Phänomene

Ist die Kundalini-Energie in Bewegung, reagieren wir oftmals mit Phänomenen und Symptomen.

Das können Probleme sein wie:

- verstärkte Träume und Schlaflosigkeit
- paranormale Erfahrungen, Visionen, Botschaften, Stimmen hören
- spontane Mudras der Hände und des gesamten Körpers
- Körperaustritte und das Gefühl, neben dem Körper zu stehen

Viele dieser Ausdrucksweisen können bei mehreren blockierten Kundalini-Prozessen vorkommen. Es ist nicht immer möglich, eine Zuordnung vorzunehmen.

Der Aufstieg durch den Brahma-Nadi

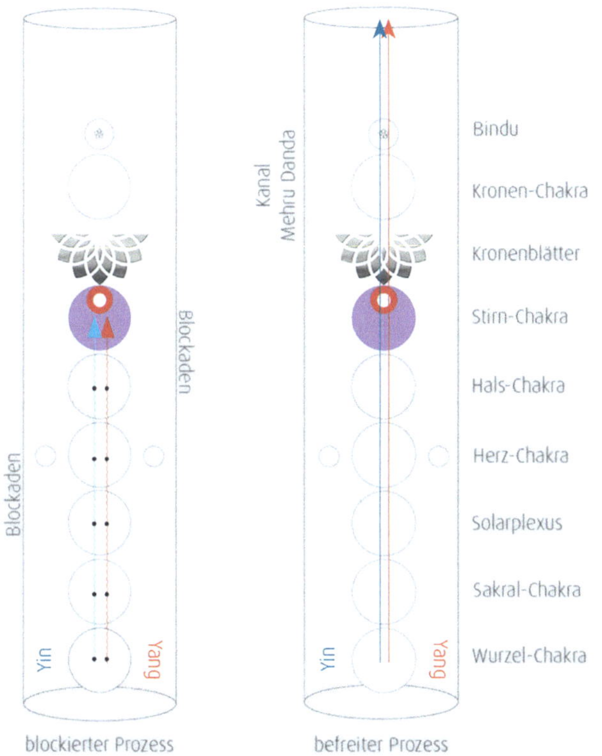

Modell: Kundalini-Brahma-Nadi-Prozess
* links: der blockierte Kundalini-Prozess; kann in jedem Chakra blockiert sein
* rechts: der befreite Kundalini-Prozess

Wie Brahma-Nadi arbeitet

Das Stirn-Chakra spiegelt mit dem tiefsten Element des Menschen (ZG) und dem höchsten Element (GG), dem heiligen Viereck, den holografischen Anteil in uns, also alle Muster und Glaubenssätze.

ZG und GG halten den Körper zusammen und repräsentieren zugleich den Brahma-Kanal im Körper. Die Kommunikation der beiden Pole ZG/GG drückt sich im Stirn-Chakra aus. Hier verstehen wir die universelle Verbindung.

Diese Spiegelung geschieht im Kontext der Kommunikation mit den Kronenblättern und ist mit Manas und Hrit verbunden. Sie bringen den Austausch des Erkennens und des Erfahrens der noch nicht bereinigten Themen aus den Kronenblättern.

Der Brahma-Kanal führt uns in die Spiegelarbeit hinein. Die Arbeit der Transformation versteht sich im Innen und im Außen. Was wir im Außen erfahren und gespiegelt wird, verarbeiten und verstehen wir im Innen. Dieser innere Prozess ermöglicht wiederum neue Erkenntnisse, die ihrerseits einen neuen Spiegel von außen anziehen. Wir verstehen die Thematik und ziehen eine neue an. Diese Transformation führt uns immer tiefer ins innere Wissen und Erkennen.

Sind viele Themen erkannt und transformiert, öffnet sich das dritte Auge. Das universelle Wissen kann sich zeigen. Neue Sichtweisen in verschiedenen Bereichen öffnen sich.

Die Öffnung und Sensibilisierung unserer Wahrnehmung bestimmen den Weg der Transformationsarbeit. Die Seele kann nicht mehr Weisheit spiegeln, als wir aufnehmen und erkennen können.

Erweitern und öffnen wir unseren Blickwinkel, haben wir mehr Möglichkeiten, Unbekanntes wahrzunehmen, zu erkennen und zu integrieren.

Brahma verbindet uns in seiner Entwicklung von unserer Seelenebene nach unten in unsere Wurzeln. Brahma-Nadi ist der Kanal, er ist der Weg zur Seele.

Brahma-Nadi selbst ist der Wegbereiter für alle Kundalini-Energien. Die Energie von Brahma-Nadi weist auf Blockaden anderer Kundalini-Prozesse hin, um die Themen aufzulösen und in den Fluss zu bringen. Brahma-Nadi stellt den spirituellen Weg bereit, damit alle Prozesse sich bewegen oder aufsteigen können.

Ist der Kanal blockiert, kann Brahma nicht fließen und das Stirn-Chakra bleibt geschlossen.

Die Entwicklung des Menschen in der Energie des Brahma-Nadi

Der spirituelle Weg zum Erfahren der Seele

- Brahma ist die absolute Verbindung und Transformation von »oben nach unten«. Die Energie des Brahma begleitet und führt unseren Weg von der Seele zur Erde, unserem Mensch-Sein in dieser Inkarnation.
- Brahma-Nadi ist die Wegbereiterin für andere Kundalini-Prozesse und Gelehrte. Sie lehrt uns direkt aus dem Seelen-Wissen heraus.
- Brahma-Nadi ist die Ummantelung und die Ganzheit. Das, was noch bleibt, ist Brahma.

Verbindung zum Göttlichen

Brahma ist das Bewusstsein der Verbindung zum Göttlichen und ist spiritueller Kanal. Es ist das Wissen des Menschen, dass die spirituelle Welt in und um uns existiert und die Kraft und das Wissen der Seele in uns eindringen und einsinken kann.

Brahma-Nadi ermöglicht uns das Bewusstsein, uns als spirituelles Wesen wahrzunehmen, auf der Erde zu sein und die spirituelle Verbindung zu leben. Sie ermöglicht das universelle Verstehen der spirituellen Gesetze.

Dem Stirn-Chakra entspringen das Wissen und die Erfahrung, dass wir mehr sind als unser Körper. Wir erkennen das Urwissen und die immerwährende Verbindung zur Seele.

Brahma-Nadi balanciert das Gleichgewicht des Wissens der Yin-Energie und die Ausdrucksweise der Yang-Energie. Die ureigene Natur dieser zwei Grundkräfte in uns wird hervorgebracht.

In dieser Verbindung kann das Wissen der Seelen Energie im Alltag umgesetzt werden. Wir lassen uns vom Frieden und von Mitgefühl leiten.

Unsere Intuition, die Führung unserer Seele, empfangen wir im Stirn-Chakra. Deshalb wird dieses auch als »Tor zur Seele« bezeichnet – das Tor zu höheren spirituellen Erfahrungen und wirklicher kosmischer Liebe.

Wegbereiterin und Gelehrte

Das Wissen des Brahma-Nadi hilft uns, den Unterschied zwischen angelerntem und universellem Wissen zu verstehen, anzunehmen und umzusetzen.

Brahma-Nadi ermöglicht die Ganzwerdung und Rückbesinnung auf altes Wissen aus früheren Inkarnationen. Die Energie von Brahma-Nadi öffnet uns das Tor zu unserem gesammelten Kundalini-Wasser, das wir als karmisches Wissen in dieser Inkarnation erneut leben können.

Der Seelenstern dehnt sich aus und verwirklicht seine Kraft in uns. Wir erkennen in Bescheidenheit und Wertschätzung die Energiefelder anderer Menschen.

Wir verstehen den Hintergrund angebundener Emotionen. Unser Nachdenken stützt sich auf Weisheit und Erkenntnisse unserer Transformationsarbeit. Unsere Schwingung ist erhöht. Aus ihr heraus erkennen wir augenblicklich, ob wir uns auf der holografischen oder spirituellen Ebene befinden.

Der Brahma-Nadi spiegelt uns den Weg des göttlichen Bewusstseins, unsere Absicht und Entscheidung, ihn zu gehen. Er spiegelt und lehrt uns die Handlung, den spirituellen Weg zu verstehen und uns von der

Energie der Seele leiten zu lassen. Dieser Kanal führt und begleitet uns durch unser gesamtes Leben.

Ummantelung und Endfassung: Das, was noch bleibt, ist Brahma

Brahma-Nadi hat das Wissen, dass Spiritualität die wahre Realität ist und in die körperliche, holografische Realität integriert werden darf.

Brahma-Nadi bedeutet einerseits der Kanal im Innersten des Meru Danda, was in Sanskrit mit Wirbelsäule übersetzt wird. Andererseits ist der Brahma-Nadi der Ausdruck für die vollendete Form aller Kundalini-Prozesse. Wenn alle Prozesse im Brahma-Nadi laufen und eins sind, ist das Absolute erreicht.

Wir begreifen das spirituelle Gesetz des Zusammenziehens und Ausdehnens, das Ein- und Ausatmen allen Lebens. Wir wissen um das Gesetz des Lebens, des Todes und der Wiedergeburt.

Wir erweitern unser Sein und unsere Wahrnehmung weit über die physische Realität hinaus. Unsere hellsichtigen Fähigkeiten werden hier entwickelt, weshalb dieses Chakra auch das dritte Auge genannt wird.

Wenn sich alle Kundalini-Prozesse im Brahma-Nadi befinden, sind wir im Wissen, in der Weisheit und in der Weitsicht. Damit verkörpern wir uns als universelle Menschen.

Die Seele offenbart sich in uns, in unserem Sein, in unserem Licht.

Außerordentlicher Kundalini-Prozess

ZG: Zentralgefäß (Ren Mai) und
GG: Gouverneursgefäß (Du Mai)

Dieser Prozess verläuft entlang der Wirbelsäule und ist der Zugang zum Körperlichen. Das ist der Kanal innerhalb des Körpers. Er ist der Hauptkanal und besteht aus einem feinen Netz, welches das ganze Körpersystem zusammenhält und stabilisiert. Das Zentralgefäß (Yin) ist die Vernetzung des Kanals und das Gouverneursgefäß (Yang) ist die Aufrechterhaltung des Kanals zur Seele.

Je bereinigter das System im Körper ist, umso stabiler wird der spirituelle Kanal. Der spirituelle Kanal verläuft vom Stirn-Chakra über die Zirbeldrüse zum heiligen Viereck, zu unserer ewigen Seele.

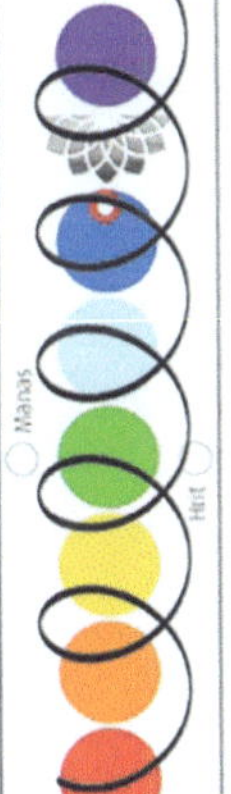

Modell: Kundalini-Prozess ZG und GG

Yin (Ur-Yin, Urwissen) / Yang (Ur-Yang, Urantrieb)

Dieser Kundalini-Prozess ist das Wissen der Seelen-Energie während der Entstehung der Menschheit und das Wissen der Seelen-Energie ihres Endpunktes. Es ist der Seelenfaden.

Diese Kundalini-Energie ist latent vorhanden, seit Beginn Anfang sämtlicher Inkarnationen bis zum Ende aller Inkarnationen. Sind die Inkarnationen vollendet, bedeutet das die Auflösung des persönlichen Karma-Rades. Der Mensch wird in dieser Form nicht wiedergeboren, weil diese spezifische Transformationsform abgeschlossen ist. Dieses körperliche Leben auf der Erde ist beendet.

Die Kundalini-Energie verläuft durch den Hauptkanal (ZG/GG). Die Energie fließt selbstständig, sie kann nicht beeinflusst werden. Dieser Prozess hält den Menschen grundsätzlich am Leben.

ZG/GG sind durch eine ständige und ununterbrochene Kommunikation vereint. Sie sind mit dem obersten, dem höchsten und dem untersten, dem tiefsten Energiefeld verbunden. Es ist die Verbindung der Erde zur ewigen Seele. ZG ist der Ausdruck des spirituellen Wissens aus der Nierenenergie und GG ist der Wegbereiter zur Seele.

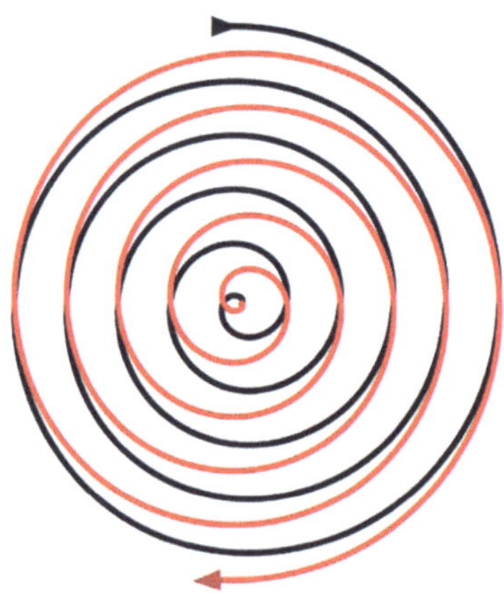

Modell: Kundalini-Prozess Inkarnationsspirale Yin und Yang

Makara-Point

Makara ist oberhalb des Stirn-Chakras lokalisiert. Der Makara-Point (Brücke) hat die Schwingung der heiligen Silbe OM (AUM). Wenn die Kundalini-Energie den Makara-Point erreicht, steht uns Menschen ein neuer und tiefgründiger Weg zu unserer Spiritualität offen. An diesem Punkt entscheiden wir uns nochmals bewusst oder unbewusst, den spirituellen Weg wahrhaftig zu gehen oder in alten Strukturen zu verbleiben.
Steigt die Kundalini-Energie in die Stirne auf, richtet sie sich im Makara-Point ein. Die Energie muss sich hier stabilisieren, damit sie weiter an uns arbeiten kann. Stabilität bedeutet, dass die Kundalini-Energie definitiv im Makara-Point weilt. Hier führt sie ihren Weg und ihre Aufgabe in den spirituellen Chakren fort.
In den spirituellen Chakren führt uns die Kundalini-Energie subtiler und nutzt bestimmte Fertigkeiten und Strukturen, um uns die noch nicht transformierten Themen aufzuzeigen.
Die aufgestiegene Kundalini-Energie kann sich eigenständig im Makara-Point halten. Wird die spirituelle Arbeit durch uns Menschen fortgeführt, steigt ein zweiter Kundalinli-Prozess in den Makara-Point auf. Dieser nachfolgende Kundalini-Prozess hat die Fähigkeit und Aufgabe, den ersten Prozess im Makara-Point weiter zu stabilisieren.
Sind beide oder mehrere Kundalini-Prozesse im Makara-Point, kann sich ein Kundalini-Prozess lösen und den Weg zur ewigen Seele antreten. Es benötigt immer eine Kundalini-Energie, die im Makara-Point zurückbleibt, um die Arbeit der Transformation aufrechtzuerhalten. Sie unterstützt die zur Seele aufsteigende Kundalini-Energie und gibt ihr Halt und Sicherheit.

Ist dieser Punkt erreicht, haben wir bereits viel verstanden und transformiert. Der Weg führt weiter. Unser Ziel ist, das Höchste in uns zu verstehen und zu entwickeln, das Gewahrwerden und Verstehen des Göttlichen in uns.

Trigunas: die drei Grundprinzipien im Menschen

Die Trigunas haben keinerlei Form oder Gestalt. Sie drücken sich im Geist und in den Emotionen der Menschen aus.
Das Verstehen der Zusammenarbeit dieser drei Grundprinzipien ist von großer Bedeutung. Es geht darum, diese grundlegenden Energien anzuerkennen und in die Transformation zu bringen.

Tamas: Trägheit, alle Muster
Rajas: Bewegung, Tatendrang, Transformation
Sattva: Klarheit, Befreiung, Bewusstsein

Trägheit (Tamas)
Tamas ist das Guna, das sich als Schwere, Widerstand und Trägheit zeigt. Tamas sind alle Glaubenssätze und Muster, die wir uns angeeignet haben.

Bewegung (Rajas)
Rajas ist das Guna, das sich als Bewegung und Aktivität zeigt. Mit dieser Tatkraft können wir über zielgerichtete Impulse unsere Transformation in Bewegung bringen.

Bewusstsein (Sattva)
Sattva ist das ausgeglichenste der Trigunas. Es zeigt einen Zustand von Licht, Bewusstsein, Freude und Klarheit. Sattva drückt sich in wachen Sinnen, physischer Gesundheit und in der Fähigkeit aus, Wissen aufnehmen zu können.

Das ausgewogene Verhältnis der Trigunas
Um die Prägung von Tamas zu minimieren, benötigen wir das Verstehen und Verändern unserer Muster und Glaubenssätze. Indem wir die

Energie von Rajas zielgerichtet und aktiv auf die Transformation unserer Muster ausrichten, überwinden wir Tamas, die Trägheit unserer Verhaltensweisen.

Unser Weg geht von Tamas über die heilige Bewegung von Rajas. Durch diese Aktion transformieren und verändern wir unsere Muster und Glaubenssätze und gelangen in den Zustand von Sattva.

Die fünf Elemente und die drei Gunas
Unser grundlegender Boden besteht aus dem Element Erde (Wurzel-Chakra), dem Element Wasser (Sakral-Chakra) und dem Element Feuer (Solarplexus). Die drei Gunas können wir als unseren Boden verstehen, der bearbeitet werden darf, um auf den spirituellen Weg zu kommen.
Das Prinzip des Tamas, die Trägheit, ist dem Element Erde zugeordnet. In der Erde ist alles verwurzelt, was wir an Mustern und Verhaltensweisen angesammelt haben. Durch unsere Glaubenssätze nähren wir den Lebensbaum mit unserer Trägheit. Die Klarheit fällt weg und unsere Wahrnehmung wird verblendet und trüb.
Das Prinzip des Rajas, die Bewegung, ist dem Element Wasser zugeordnet. Die Muster, die wir in der Sozialität, Sexualität und in allen gesellschaftlichen Systemen leben, bringen wir hier in Bewegung.
Es kommen Erkenntnisse, Trübheit oder Unklarheit in den Alltag, je nachdem, ob wir unsere Muster verstehen und verändern. Dieses Verhalten wiederum wird im Spiegel der Gesellschaft ausgedrückt und gelebt.

Das Prinzip des Sattva, das Bewusstsein, ist dem Element Feuer zugeordnet. Durch die Reflexion der Differenzierung erkennen wir unsere Form der Muster in unserer Lebensgestaltung. Erlauben wir uns in die Transformation zu kommen, bewirken wir eine große Veränderung. Wir erkennen unser gesamtes grundlegendes System.

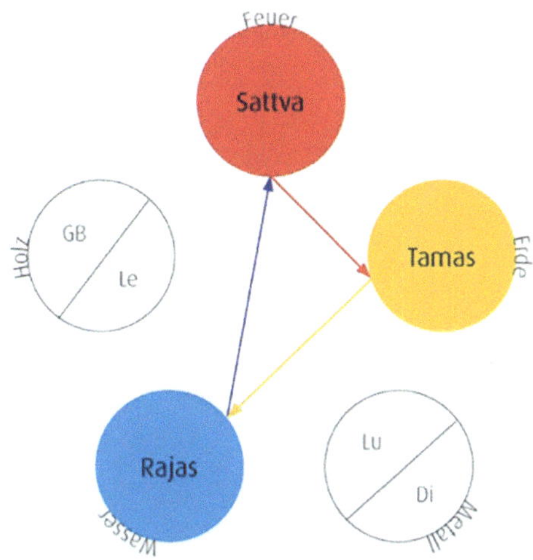

Modell: Trigunas im grundlegenden Boden der Elemente

Die Kundalini-Energie birgt die drei Gunas in sich

Die Kundalini-Energie ist wie eine Schlange oberhalb des Wurzel-Chakras dreieinhalbmal aufgeringelt. In diesem Zustand schläft sie noch im Menschen. In der Kundalini-Energie sind die grundlegend angelegten Themen, alle drei Gunas. Ein Teil ist Tamas, ein Teil ist Rajas, ein Teil ist Sattva und der halbe Teil der Schlangen-Energie ist die Verbindung mit dem Universum.

Angelegt in uns Menschen ist die göttliche Verbindung. Nach der Geburt fallen wir in die blockierenden und behindernden Muster und Glaubenssätze. Wir haben die Möglichkeit, diese ins Verstehen und in die Transformation zu bringen. Der Weg öffnet sich zu unserer Spiritualität und wir begegnen unserer Göttlichkeit, dem Innersten und dem Höchsten.

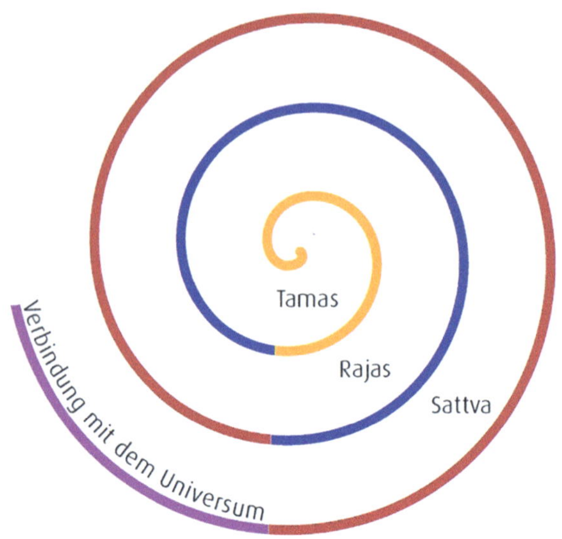

Modell: Trigunas in der schlafenden Kundalini-Energie

Der Kanal der Kundalini-Energie

Alle Kundalini-Prozesse fließen im Hauptkanal, dem Mehru Danda. Ausnahmen sind die Kundalini-Energien Yin und Yang sowie Zentralgefäß (ZG) und Gouverneursgefäß (GG), die das Körpersystem aufrechterhalten.

Mehru Danda ist die feinstoffliche Entsprechung der Wirbelsäule. In dieser Röhre verläuft die Hauptnadi, Sushumna, die nochmals in drei Ebenen unterteilt wird. Auf der nächstsubtileren Ebene finden wir den Vajra-Nadi, auf einer noch subtileren Ebene den Chitrini-Nadi und im innersten und subtilsten Bereich den Brahma-Nadi.
Holografische Muster und Erfahrungen können im Mehru Danda Blockaden verursachen. Arbeiten wir an diesen Themen, wird der Kanal durchlässig und stabil für den Aufstieg der Kundalini-Energie.

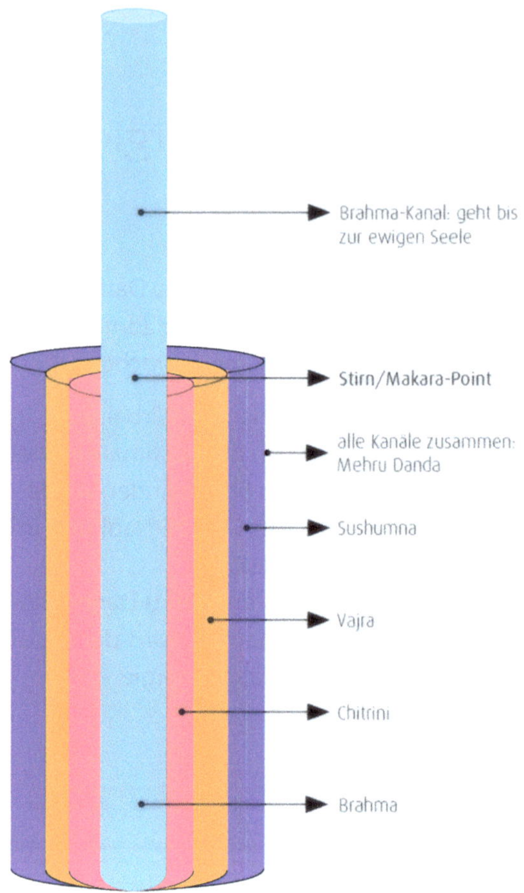

Modell: Kundalini-Kanäle

Die Kundalini-Kanäle im Mehru Danda

Die Kundalini-Nadi kann sowohl Kanal bedeuten als auch ihre Energie, die darin fließt. Aus diesem Grund ist es manchmal unklar, ob der Kanal, die Energie oder beides gemeint ist. In den folgenden Ausführungen wollen wir die Unterschiede verständlich machen.

- Sushumna-Nadi: Kanal und Kundalini-Prozess
- Vajra-Nadi: Kanal und Kundalini-Prozess
- Chitrini-Nadi: Kanal und Kundalini-Prozess
- Brahma-Nadi: Kanal und Kundalini-Prozess
- Sarasvati-Nadi: Kundalini-Prozess
- Lakshmi-Nadi: Kundalini-Prozess

Der Sushumna-, der Vajra- und der Chitrini-Kanal reichen bis zum Makara-Point.

Der Kanal des Brahma-Nadi reicht bis zu unserer Seele.

Sushumna-Nadi, Vajra-Nadi, Chitrini-Nadi und Brahma-Nadi fließen allesamt durch ihre gleichnamigen Kanäle.

Sarasvati-Nadi steigt im Sushumna-Kanal bis zum Makara-Point auf.

Lakshmi-Nadi hat keinen Kanal, dieser Kundalini-Prozess bleibt im Körper und entwickelt sich, wie schon beschrieben, auf andere Weise.

Der Brahma-Kanal läuft von der Seele herkommend über den Makara-Point bis hin zum Wurzel-Chakra. Als einziger Prozess fließt Kundalini Brahma-Nadi von der Seelen-Energie über den Makara-Point bis in den Körper. Dieser Prozess bringt das Wissen und die Öffnung der Seele ins Bewusstsein von uns Menschen.

Sind wir in unserer Transformation sehr weit fortgeschritten, fließen alle Kundalini-Prozesse im Brahma-Kanal, außer Lakshmi-Nadi, der im Körper stabil bleibt. Alle anderen Kundalini-Kanäle ziehen sich zusammen, verdichten sich und verschmelzen mit dem Brahma-Kanal.

Sind die Kundalini-Prozesse bereit, den Makara-Point zu verlassen, wechseln sie in den Brahma-Kanal und steigen zu unserer Seele auf.

Der Hauptkanal Mehru Danda bleibt bestehen, der Brahma-Kanal läuft in diesem Hauptkanal und verbindet unser Bewusstsein direkt mit unserer Seele. Diese Verschmelzung der Kundalini-Kanäle ist die höchstmögliche Bewusstseinsstufe, die wir als Mensch erreichen können.

Kundalini-Körper-Prozesse

Die Kundalini-Energien Yin und Yang sowie ZG und GG sind Hauptprozesse. Sie halten das Körpersystem aufrecht, geben dem menschlichen Wesen Form und Halt. Bei jeder Inkarnation werden diese Kundalini-Körper-Prozesse während der Schwangerschaft neu gebildet und begleiten den Menschen durch den Lebensweg. Sie laufen unabhängig von den übrigen sechs Prozessen in ihren eigenen Kanälen innerhalb unseres Körpers.

Außerordentliche Kundalini-Prozesse

Yin und Yang bezeichnen den Kanal und den Kundalini-Prozess. ZG und GG bezeichnen den Kanal und den Kundalini-Prozess.

Wird das Rad des Karmas* für uns Menschen unterbrochen, beginnt ein neuer Zyklus in einer anderen Dimension.

Ida-Nadi und Pingala-Nadi als Motor

Die Kundalini-Energie wird von mehreren Kraftquellen angetrieben. Zwei davon sind Ida-Nadi und Pingala-Nadi. Beide Nadis beginnen im Wurzel-Chakra. Ida und Pingala sind Schwellen der Transformation und haben eine Flussfunktion. Sie sind verantwortlich für die auf- und absteigende Bewegung und die Führung der Kundalini-Energie. Mehru Danda wird rechts und links von den zwei Nadis, Ida und Pingala spiralförmig flankiert.

Ida und Pingala bewegen sich abwechslungsweise von Yin nach Yang und umgekehrt. Sie kreuzen sich in den Chakren innerhalb des Mehru Danda. Die Energie geht vom Wissen (Yin) in die Bewegung (Yang). Dieses Wechselspiel führt dazu, dass Yin die Erfahrung von Yang macht und Yang die Erfahrung von Yin. Das unterstützt die Kundalini-Energie zusätzlich in ihrer Flussfunktion.

So wie Sympathikus und Parasympathikus sich als zwei gegensätzlich arbeitende Nerven bedingen, so ist es auch beim Ida- und Pingala-Nadi. Der Rhythmus, der Wechsel der gegensätzlichen Energien, ergibt einen Fluss, der – ähnlich einem Motor – die Kundalini-Energie nach oben zum Stirn-Chakra transportiert. Die Offenheit und Zusammenarbeit dieser beiden Energien sind von zentraler Bedeutung.

Ein weiterer Motor ist die Bewegung von Manas und Hrit. Dieses System ist im Herz-Chakra beschrieben. Beide Energien bedingen sich und sind notwendig für unsere Transformation und für den Fluss des Kundalini-Systems.

Ida-Nadi

In Ida-Nadi fließt Yin-Energie nach unten, vergleichbar mit dem unteren Hun*. Ida ist auch die Mondenergie, die weibliche Energie, die dunkle und kühle Seite. Sie hat alle Attribute, die wir der Energie Yin zuordnen. Ida-Nadi hat die Eigenschaften des Parasympathikus. Er sorgt dafür, dass sich die Organe erholen. Der Parasympathikus wird auch als Ruhe- oder Entspannungsnerv bezeichnet.
Die Energie des Hrit im Herz-Chakra ist eine Bewegung der absteigenden Energie. Sie bringt Informationen aus den unteren Chakras, um die Transformation zu begünstigen.

Pingala-Nadi

Im Pingala-Nadi fließt Yang-Energie nach oben, vergleichbar mit dem oberen Hun*. Pingala ist auch die Sonnenenergie, die männliche Energie, die helle und warme Seite. Sie hat alle Attribute, die wir der Energie Yang zuordnen.
Pingala-Nadi hat die Eigenschaften des Sympathikus. Er sorgt dafür, dass die Organe handlungsbereit sind. Der Sympathikus wird auch als Arbeitsnerv bezeichnet.
Die Energie des Manas im Herz-Chakra ist eine Bewegung der aufsteigenden Energie. Er bringt Informationen aus den oberen Chakren und den Kronenblättern, um die Transformation in Bewegung zu bringen.

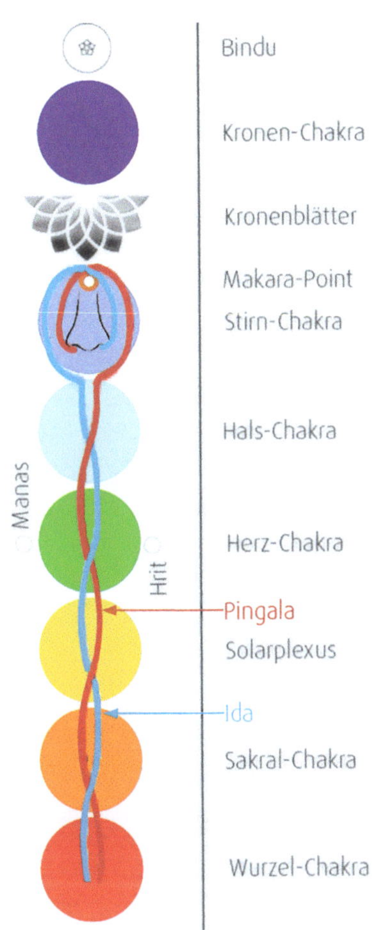

Modell: Ida und Pingala

Rituale

Wir benutzen folgende Techniken, um an Blockierungen der Kundalini-Energie zu arbeiten.

Die aufgeführten Rituale zielen alle darauf ab, den Weg nach innen zu gehen. Es geht um das Verständnis, die Transformation von innen heraus zu verstehen und zu vollziehen.

In diesem Buch beschreiben wir die 8er-Rituale und die Spiegelung. Dazu gehen wir kurz auf die Kundalini-Energie-Führung ein. Andere Rituale kennst Du wahrscheinlich schon und hast vielleicht bereits Übung in deren Anwendung.

Yoga ist eine bewährte Technik, um mit der Kundalini-Energie zu arbeiten. Wir sind auf diesem Gebiet nicht spezialisiert. Wir sind mit folgenden Methoden vertraut:

- schamanische und spirituelle Rituale
- Bewusstseinstraining
- Atemübungen
- verschiedene Meditationsformen
- Arbeiten mit der 8er-Energie
- Technik der Spiegelung
- Kundalini-Energie-Führung

8er-Energie

In der Numerologie steht die Acht für Gleichgewicht und Gerechtigkeit. Sie stärkt die geistige Vollkommenheit, die innere Kraft und die Selbstzufriedenheit. Befassen wir uns mit der Acht, folgen wir dem Ruf der geistigen Welt.

Der griechische Philosoph und Mathematiker Pythagoras erkannte, dass Zahlen die Grundlage des Universums bilden und alles von Zahlen durchdrungen ist. Auf ihn geht der Satz zurück »Der Bau der Welt beruht auf der Kraft der Zahlen«.

Die Zahl Acht symbolisiert das Leben nach dem Tod und die Unendlichkeit. Früher haben die wissenden Menschen den Verstorbenen die Acht mitgegeben, um ihnen ein besseres Leben in der Anderswelt zu verschaffen.

Transformationsarbeit mit der Acht

Die uralte Grundenergie des Menschen ist die Acht, sie symbolisiert das Urwissen und dessen Umsetzung.

Der Acht innewohnend sind die Form des Wissens und die Bewegung, die ewige Verbindung von Yin (Wissen) und Yang (Bewegung). Das Transformationspotenzial liegt in der Art und Weise, wie wir mit Yin und Yang arbeiten.

Wir haben die Möglichkeit, in einem bestimmten Element oder Chakra die verborgenen und nicht verstandenen Themen wahrzunehmen und herauszuarbeiten. Eine weitere Möglichkeit ist, noch nicht bewusste Themen in der Acht zu bearbeiten, damit wir sie erkennen, verstehen und transformieren können.

Ritualabfolge in den Elementen

Frage Dich, welchen Elementen Du Dein Thema zuordnest. Du kannst dazu die Texte der einzelnen Elemente heranziehen oder intuitiv entscheiden, welche der sechs aufgeführten Varianten für Dich stimmig ist.

Lege ein großes Blatt Papier (etwa Packpapier) auf den Boden und zeichne das Ritual wie hier vorgegeben auf. Du kannst auch mit DIN-A4-

Blättern arbeiten, indem Du für jedes Element ein einzelnes Blatt verwendest. Schreibe nun die Elemente, die Du bearbeiten möchtest (z. B. Wasser und Metall), auf je ein Blatt und lege beide auf den Boden.

Verbinde Dich mit Deinem Kraftfeld und Deinem Thema. Möchtest Du ein Thema an die Oberfläche bringen, das Dir noch nicht bewusst ist, kannst Du Dich mit dieser Energie verbinden.

In diesem Zusammenhang stehst Du jetzt auf Startpunkt (Nr. 1) und läufst das Ritual in Pfeilrichtung ab. In den Grafiken steht der erste rote Kreis (Nr. 1) jeweils für die Richtung und die Bewegung.
Der zweite rote Kreis (Nr. 2) steht jeweils für das Innehalten. Hier kannst Du in Dich hineinfühlen. Was geschieht mit mir? Welche Erkenntnisse zeigen sich? Welches unbewusste Thema will sich zeigen?
Mit diesem neuen Gedanken führst Du das Ritual fort und läufst weiter. Zeigt sich von Dir aus gesehen nichts, gehst Du ebenfalls weiter. Vielleicht erhältst Du im Laufe des Rituals Informationen, vielleicht musst Du das Ritual auch einige Male wiederholen.

Es ist notwendig, dass Du Dich in der Pfeilrichtung bewegst. Die Richtung entspricht der Dynamik von Yin und Yang. Die Themen werden aus dem tiefen und versteckten Wissen im Yin hervorgebracht und ans Licht ins Yang gebracht. Wird dieses Ritual nicht richtig ausgeführt, gibt es eine Umkehrung und die Themen bleiben verborgen.

Dieses Ritual wiederholst Du – idealerweise drei Wochen – jeden Tag 10 bis 20 Minuten lang.

Einstieg und Ausstieg ins Ritual sind immer beim ersten roten Punkt (Nr. 1 im Yin).

Nachdem Du das Ritual abgeschlossen hast, kannst Du erneut in Dich hineinspüren. Hat sich etwas verändert? Wie fühlt es sich an?

Spürst Du keine bewusste Veränderung bei den Ritualen, sei es bei den Elementen oder bei den Chakren, laufe einfach weiter. Dein Körper vollzieht eine Arbeit, die Du vielleicht noch nicht bewusst erkennen kannst.

Irgendwann wirst Du merken, dass sich das Thema neu anfühlt oder dass sich Deine Beziehung zu dem Thema verändert.

Deswegen ist es wichtig, die Acht zu laufen und den Körper in Bewegung zu bringen. Es geht um den Fluss von Yin und Yang. Nur denkend, also nur im Kopf sollten die Rituale nicht durchgeführt werden, außer Du hast keine andere Möglichkeit.

Dieses Ritual wiederholst Du – idealerweise drei Wochen – jeden Tag 10 bis 20 Minuten lang.

Themen, die Du auf der Elemente-Ebene bearbeiten kannst

Die alten und verhärteten Themen werden meistens in den Elementen bearbeitet. Dies können beispielsweise ungelöste Familienthemen, alte Verletzungen, Beziehungsthemen, Selbstannahme etc. sein.

Arbeit in den Elementen

Metall/Wasser

1: Beginn des Rituals

2: Übergang, Innehalten

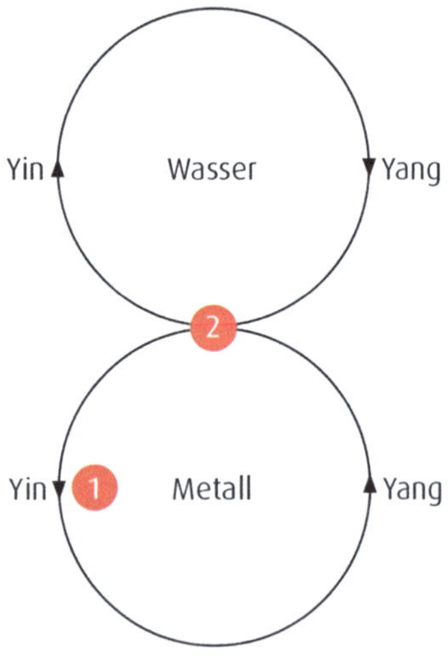

Erde/Wasser

1: Beginn des Rituals

2: Übergang, Innehalten

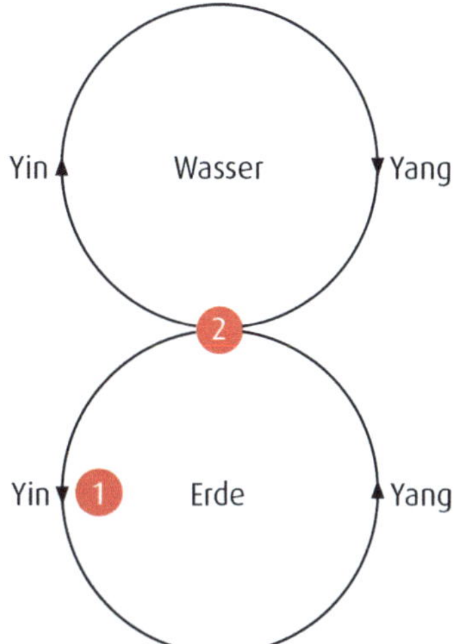

Wasser/Feuer

1: Beginn des Rituals

2: Übergang, Innehalten

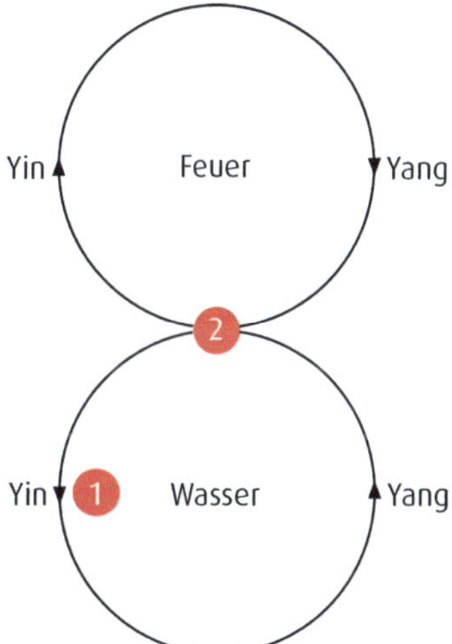

Wasser/Holz

1: Beginn des Rituals

2: Übergang, Innehalten

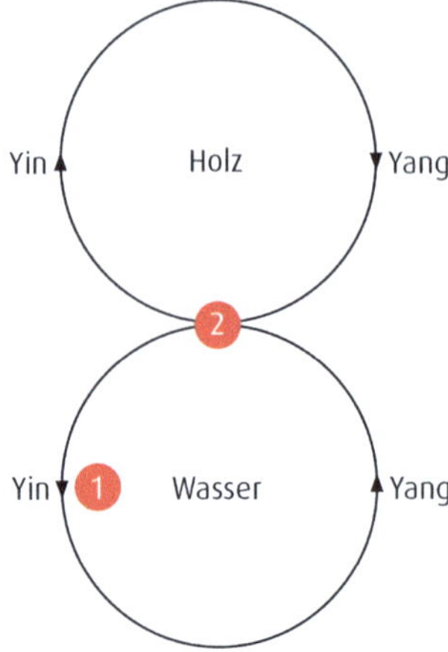

Erde/Metall/Wasser

1: Beginn des Rituals

2: Übergang, Innehalten

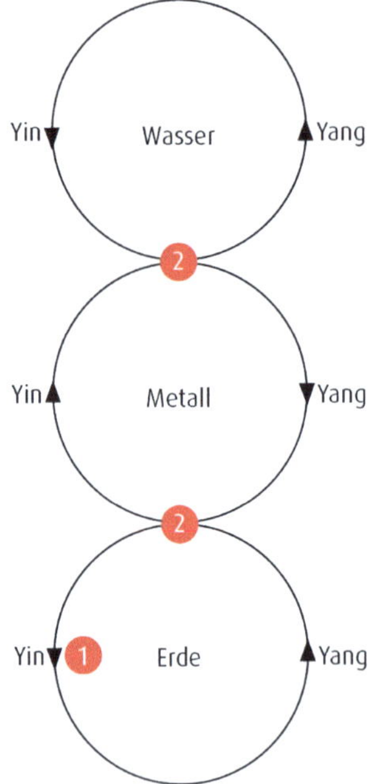

Wasser/Erde/Feuer

Zustand überprüfen: Bin ich ausgeglichen und in Demut?

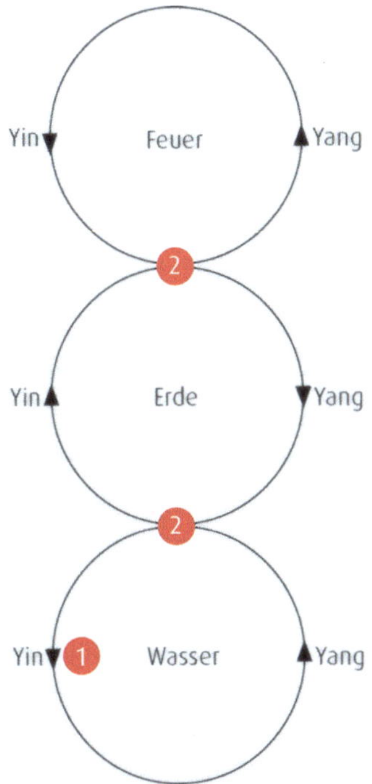

Ritualabfolge in den Chakren

Frage Dich, welchen Chakren Du Dein Thema zuordnest. Du kannst dazu die Texte zu den einzelnen Chakren heranziehen oder intuitiv entscheiden, welche der sieben aufgeführten Varianten für Dich stimmig ist.

Lege ein großes Blatt Papier (etwa Packpapier) auf den Boden und zeichne das Ritual wie vorgegeben auf. Du kannst auch mit DIN-A4-Blättern arbeiten. Schreibe nun die Chakren, die Du bearbeiten möchtest (z. B. Erde/Wurzel-Chakra und Wasser/Sakral-Chakra) auf je ein Blatt und lege beide Blätter auf den Boden.

Verbinde Dich mit Deinem Kraftfeld und Deinem Thema. Möchtest Du ein Thema an die Oberfläche bringen, das Dir noch nicht bewusst ist, kannst Du Dich mit dieser Energie verbinden.

In dieser Verbindung stehst Du jetzt auf dem Startpunkt (Nr. 1) und läufst das Ritual in Pfeilrichtung ab. Du befindest Dich auf der Chakra-Ebene, das Thema spiegelt sich Dir im darunterliegenden Element. Auf dieser Ebene gehst Du nicht in die Themen hinein. Du spürst lediglich die Gefühle aus der Erkenntnis, die Du in den Chakren wahrnimmst, und fragst Dich, was im jeweiligen Element noch nicht bereinigt ist.

Laufe das Ritual nun in Pfeilrichtung ab. Der erste rote Punkt (Nr. 1) gibt Dir die Richtung und die Bewegung vor, der zweite rote Punkt (Nr. 2) steht wieder für das Innehalten. Hier kannst Du wieder in Dich hineinfühlen. Was geschieht mit mir? Welche Emotionen und Erkenntnisse zeigen sich? Mit diesen Fragen und neuen Gedanken führst Du das Ritual fort. Vielleicht erhältst Du erst im Laufe des Rituals Informationen, vielleicht musst Du das Ritual auch einige Male wiederholen.

Es ist notwendig, dass Du Dich in der Pfeilrichtung bewegst. Die Themen werden aus dem tiefen und versteckten Wissen im Yin geholt und ans Licht, ins Yang, gebracht. Wird dieses Ritual nicht richtig ausgeführt, gibt es eine Umkehrung und die Themen bleiben versteckt.

Dieses Ritual wiederholst Du – idealerweise drei Wochen – jeden Tag 10 bis 20 Minuten lang.

Einstieg und Ausstieg ins Ritual ist immer beim ersten roten Punkt (Nr. 1 im Yin).

Nachdem Du das Ritual abgeschlossen hast, kannst Du wieder in Dich hineinspüren. Hat sich etwas verändert? Wie fühlt es sich an? – Oder Du spürst es noch nicht, wie in den Ritualen bei den Elementen beschrieben.

Themen, die Du auf der Chakren-Ebene bearbeiten kannst

Aufgeweichte, zum Teil erkannte und schon einigermaßen bewusste Themen und Emotionen werden in den Chakren bearbeitet. Mögliche Fragestellungen: Wo haben meine Ängste oder depressiven Verstimmungen ihren Ursprung? Welche Emotionen habe ich von einem bestimmten Muster bereits verstanden, was möchte es mir emotional noch aufzeigen?

Arbeit in den Chakren

Wurzel/Sakral

1: Beginn des Rituals

2: Übergang, Innehalten

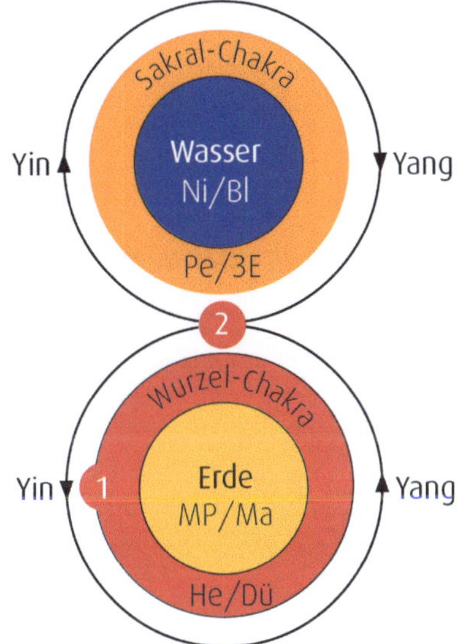

Wurzel/Sakral/Solarplexus

1: Beginn des Rituals

2: Übergang, Innehalten

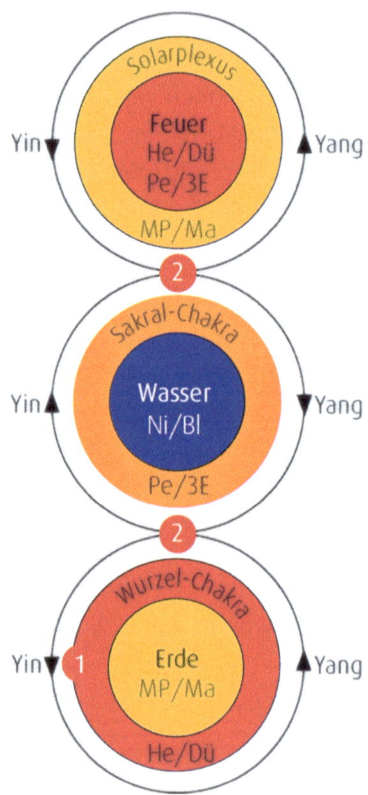

Wurzel/Solarplexus

1: Beginn des Rituals

2: Übergang, Innehalten

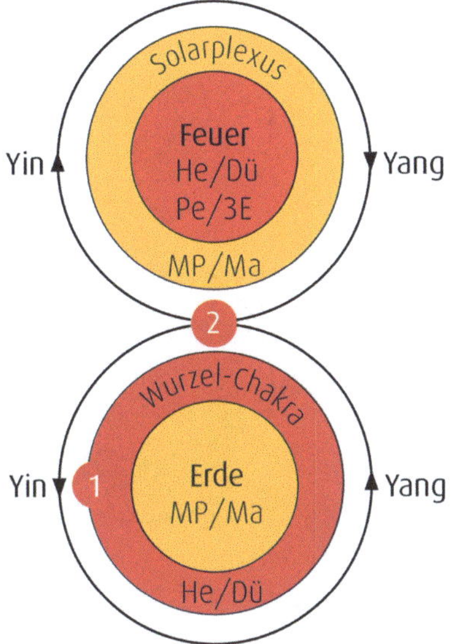

Solarplexus/Herz

1: Beginn des Rituals

2: Übergang, Innehalten

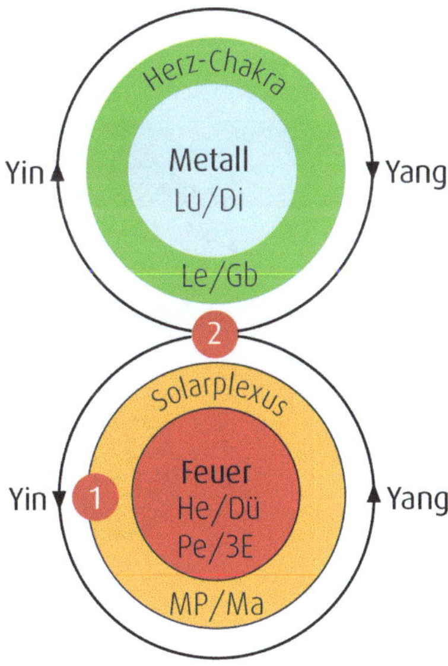

Herz/Hals

1: Beginn des Rituals

2: Übergang, Innehalten

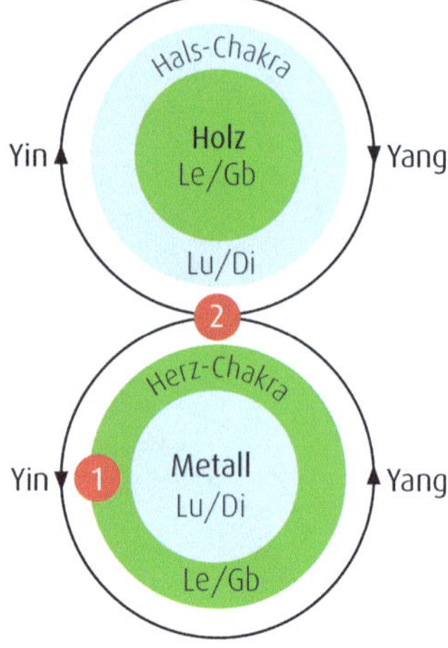

Sakral/Wurzel/Solarplexus

1: Beginn des Rituals

2: Übergang, Innehalten

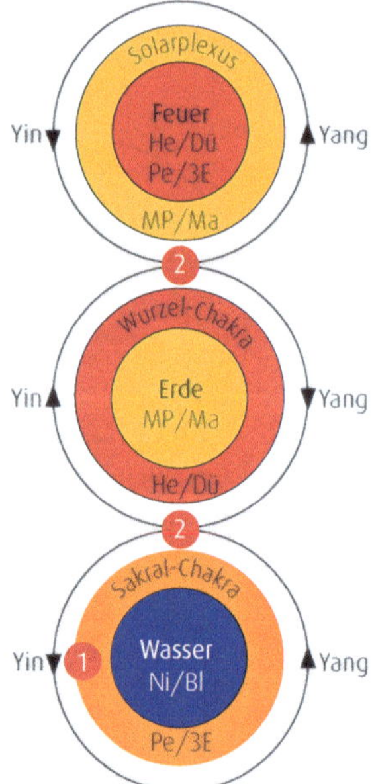

Wurzel/Sakral/Solarplexus/Herz/Hals/Stirn

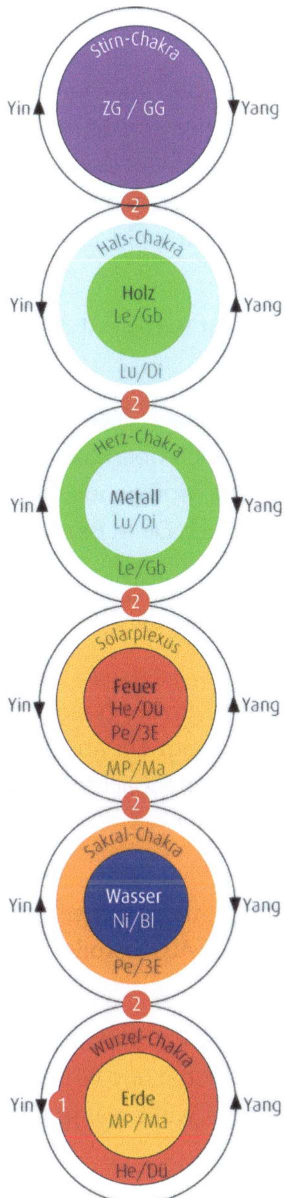

1: Beginn des Rituals

2: Übergang, Innehalten

Ritual Spiegelung

Spiegelung in allen Chakren

Entscheide Dich für ein Thema, das Du in einer Spiegelung bearbeiten möchtest. Das kann beispielsweise Angst sein. Dieses Thema kommt oft aus der Kindheit, also aus dem Element Wasser. Suche für Dein momentanes Problem das Element, in welchem sich die beschriebenen Themen befinden, oder wähle intuitiv ein Element aus, das zu Deinem Thema passt.

Die Angst zeigt sich im Element Wasser, also schaust Du in das Sakral-Chakra.

Setze Dich vor das Element Wasser. Hier ist Deine Angst verborgen. Visualisiere einen Spiegel, der sich oberhalb der Wasseroberfläche befindet. Er ist klar, blitzblank und groß genug, um alles zu sehen, zu spüren und wahrzunehmen, was sich Dir in Bezug auf Deine Angst zeigen will.

Es ist ein heiliger Akt, in die Reinheit der Chakra-Spiegel zu sehen. Schau, was der Spiegel Dir offenbart.

Vielleicht bietet er Dir eine Art Film an. Er legt dar, wie es Dir ergangen ist, was Du erlebst hast, oder zeigt Dir abstrakte Bilder, die Du übersetzen kannst. Du selbst bist nur Beobachterin/Beobachter. Du identifizierst Dich nicht mit dem Schmerz.

Du untersuchst die Emotionen, die sich in dieser Situation zeigen. Welche Emotionen verbergen sich hinter dieser Angst? Es könnte Einsamkeit, Wut, Trauer, das Gefühl des Ausgestoßenseins oder Verletzlichkeit sein.

Hast Du herausgefunden, welche Emotionen sich noch zeigen, verstehst Du, wie es sich damals angefühlt hat und wie es Dir ergangen ist. Es hilft Dir zu begreifen, was heute noch wirkt, was jetzt verstanden werden will und losgelassen werden kann.

Spiegelung im Solarplexus

Nimm Dein Thema der Reflexion und setzte Dich in der Vorstellung in den Solarplexus. Den Solarplexus nennen wir auch Spiegelhalle. Setze Dich in die Mitte des Raumes, umgeben von vielen Spiegeln.

Im Solarplexus spiegelt sich im Wurzel-Chakra das, was aus dem Element Erde kommt. Im Sakral-Chakra das, was aus dem Element Wasser kommt, und aus dem Solarplexus das, was aus dem Element Feuer, Erde und Wasser kommt. Im Solarplexus hast Du die Möglichkeit, Deine gesamte Biografie aufzuarbeiten.

Arbeit in drei Phasen

Wurzel-Chakra
Du schaust in den Spiegel des Wurzel-Chakras, welches Dir das Thema spiegelt. Hast Du die Emotion, z. B. Verlorenheit, gehe mit diesem Thema zum nächsten Spiegel.

Sakral-Chakra
Du schaust in den Spiegel des Sakral-Chakra, welches Dir das Thema Verlorenheit spiegelt. Lasse Dich hier von diesen Bildern führen: Was wird hier gezeigt? Vielleicht verbirgt sich hinter dem Thema der Verlorenheit eine totale Ohnmacht.

Solarplexus
Mit dem Thema Ohnmacht gehst Du zum nächsten Spiegel, dem Solarplexus. Mit diesem spiegelst Du das Element Feuer.
Wiederum zeigt sich im Chakra eine Emotion oder ein Bild. Es könnte sein, dass Du Angst hast vor deinen Emotionen und nicht zu Dir selbst stehst. Oder Du fühlst Dich nicht wertvoll genug.

Sobald Du Deine Emotionen sehen, spüren, nachvollziehen und begreifen kannst, fällt es Dir leichter, sie in einen neuen Kontext zu stellen, sie zu erlösen und loszulassen.

Arbeitest Du immer wieder mit solchen Spiegelungen, wirst Du mit der Zeit sehr geübt sein. Dein Bewusstsein wird gestärkt und Du wirst Dich immer besser kennenlernen und diese angebundenen Emotionen heilen und transformieren können.

Kundalini-Führung

Bei Menschen, die bereits Themen transformiert haben, kann die Kundalini-Energie bis zum Makara-Point aufsteigen. Eine andere Möglichkeit dafür bietet sich in der aktiven Führung der Kundalini-Energie. Mit einer speziellen Methode begleiten wir die Kundalini-Energie in einer bestimmten Reihenfolge von Yin- und Yang-Punkten aus durch die Blockaden und führen sie in den Makara-Point.

Der Kundalini-Prozess kann nur geführt werden, wenn die Voraussetzung gegeben ist, dass schon einiges transformiert wurde. Ist dies nicht der Fall, ist die Kundalini-Energie nicht geneigt, sich bewegen zu lassen.

Schlusswort

In diesem Buch schreiben wir ausführlich über die Notwendigkeit der Reflexion und der Transformation in Bezug auf unsere spirituelle Entwicklung. Um unseren spirituellen Weg verstehen und bewältigen zu können, ist die Transformation die fundamentalste Arbeit überhaupt.

Deshalb legen wir unterschiedliche Facetten und Ansätze der Transformation in den verschiedenen Systemen der fünf Elemente und der Chakren dar. Am Lebensanfang beginnt bei uns Menschen das holografische Leben im Wurzel-Chakra. Verstehen wir unser System der Glaubenssätze, Muster und Verhaltensweisen, öffnet sich uns der energetische, spirituelle Weg zum Stirn-Chakra. Der göttliche Anteil von uns kommt in unser Bewusstsein. Dadurch fällt es uns leichter, die Transformation als immerwährenden Prozess zu verstehen und zu leben.

Überwindung der Trägheit

Sind wir in unserer Trägheit gefangen, haben wir das Gefühl, unsere Sinnhaftigkeit in Geld, Luxus und Liebesbeweisen befriedigen zu müssen. Wir wollen dazugehören und haben eine große Sehnsucht nach Nähe und materiellem Glück. Wir suchen im Außen. Wir schauen weg, fühlen uns leer, befriedigen diesen Zustand der Leere mit Äußerlichkeiten. Mit verschiedensten Wünschen, Luxus und Gier lenken wir uns oft ab und leben in der Angst.

Dieses Gefüge kann bequem und erfüllend sein. Schließlich arbeiten wir viel für diesen materiellen Standard. Diese Lebensform kann uns verleiten, an alten belastenden Erfahrungen und leeren Ereignissen, die nicht verstanden und nicht mehr von Bedeutung sind, festzuhalten.

Oftmals wird durch ein bestimmtes Ereignis die unbewusste oder bewusste Sehnsucht nach Befreiung und Sinnhaftigkeit erweckt. Dann wird in uns die Idee der Veränderung zum Wunsch. Wir begreifen, dass unsere Weiterentwicklung nicht das ewige Suchen im Außen und im Befriedigen der alltäglichen Bedürfnisse beinhaltet.

Das Verständnis der Transformation

Verstehen wir den inneren Grund der Weiterentwicklung und der Transformation, entdecken wir, dass wir viel mehr sind als das, was wir in unserem Alltag leben. Wir erwerben das Bewusstsein, dass unsere Muster, Glaubenssätze und Verhaltensweisen ein Ausdruck unserer nicht verstandenen oder überlebenswichtigen menschlichen Erfahrungen sind.

Das Begreifen der Leerheit des Materiellen und des ewig gleichen Kreislaufes, der uns antreibt und ermüdet, erlaubt uns zu erkennen, was bleibt, wenn es nicht mehr nur um Besitz geht. Wir stellen fest, dass die Suche, uns selbst zu verstehen und zu verändern, von außen nach innen verlegt werden muss.

Das Hinterfragen und Verwandeln der eigenen Prinzipien, das Sich-Öffnen für unsere Seele und für das, was sichtbar werden darf, entfaltet sich zur zentralen Bedeutung. Dann finden wir das Glück, die Erkenntnis und die Idee des beständigen Wesens im Inneren.

Der Schritt des Erkennens, unsere Sehnsucht nach dem Seelen-Wissen, die Suche nach dem Verstehen, dem Wissen und dem Sinn begleiten uns auf diesem Weg der Transformation.

Das Bewusstsein der Transformation

Ist uns die Notwendigkeit der Transformation bewusst, nehmen wir den Tod als Teil des Lebens an. Wir verstehen das Prinzip des Loslassens. Dadurch wird zur Selbstverständlichkeit, was losgelassen werden darf. Das Weglegen und Speichern der gemachten Erfahrungen – auf die Weise, wie wir vor unserem Transformationsbewusstsein gehandelt haben – erlauben unsere neue Erkenntnis und unsere Entwicklung nicht mehr.

Die dauernde und natürliche Transformation geschieht jeden Tag und bei jeder Gelegenheit. Erkennen und verstehen wir unsere Verhaltensweisen und die Erfahrungen im Jetzt, erleben wir sogleich eine Reflexion. Sie hilft uns, das Geschehene im Moment oder innert kurzer Frist zu verarbeiten und zu verändern.

Wir verletzen uns nicht mehr und lagern keine unerwünschten Emotionen und Erlebnisse mehr ein. Wir bearbeiten sie in unserer inneren und äußeren Spiegelarbeit und unterscheiden, wie wir mit den Erfahrungen umgehen wollen.

Sind wir uns dieser Art von Transformation bewusst, sind wir immer in Verbindung mit unserem Innersten. Wir leben die Transformation, wir leben die dauernde Veränderung, wir leben in der Selbstverständlichkeit, das spirituelle Wesen zu entwickeln.

Das Bewusstsein der Kundalini-Energie

Die Transformationsarbeit ist unerlässlich, um die Kundalini-Energie in Bewegung und in den Aufstieg zu bringen. Die Kundalini-Energie ist unerlässlich, um unsere Transformationsarbeit anhaltend in ein höheres Bewusstsein zu führen.

Erst in dieser Zusammenarbeit enthüllt uns das Wesen der Kundalini-Energie sein göttliches Licht und das Wissen um unseren Lebensplan. Das Wissen erschließt uns das Bewusstsein, mit allem verbunden zu sein. Wir erkennen, dass wir Teil vom Ganzen sind, und erfahren Mitgefühl mit uns selbst und mit anderen Menschen als spirituelles Geschenk.

Das Leben gestaltet sich aus einer anderen Quelle, nicht mehr aus dem Ego heraus. Neue Perspektiven ergeben sich und bringen uns in einen Entwurf des universellen Erkennens und Verstehens.

Ist die Kundalini-Energie erwacht, kann sich beim Menschen sehr viel verändern. Die Architektur des Menschen kommt in eine neue, viel höhere Schwingungsfrequenz. Diese Schwingung in unseren Körper und in unseren Alltag zu integrieren, kann eine große Herausforderung sein.

Kundalini spült gnadenlos Themen, die noch nicht verstanden sind, an die Oberfläche. Das kann bedeuten, dass sich einiges in unserem Leben verändern wird, sei es laut oder leise.
Dieser Prozess der Transformation kann sich über Jahre ausdehnen, was uns wiederum mit den Phänomenen der Kundalini-Energie konfrontiert. Je mehr wir uns dagegen wehren, umso schwieriger, schmerzhafter und intensiver können sich die Ausdrucksweisen der Symptome manifestieren.

Sind wir uns bewusst, dass Kundalini einen intensiven Reinigungsprozess durchführt und uns auf Themen hinweist, die bearbeitet werden wollen, können wir uns diesem Prozess verstehend hingeben. Wir wissen, dass uns die Bewegung der Kundalini nicht schaden will, sondern sie verfolgt das Ziel, welches in ihrer Natur liegt.

Sie will unsere materiellen Verhaftungen lösen, damit wir in ein höheres Bewusstsein eintreten können. Ihr Bestreben ist, das göttliche Wesen in uns freizulegen, damit wir unsere schöpferische Kraft hervorbringen und leben, wer oder was wir wirklich sind.

Viele Menschen haben sehr heftige Phänomene, andere haben kaum Phänomene. Nehmen wir die Lernaufgaben wahr, verstehen und verändern sie, können sich die Phänomene auflösen. Natürlich können wieder neue auftauchen. Wenn wir aber in dieser dauernden Transformation sind, fällt uns vieles sehr viel leichter.

Gehen wir diesen Weg, sind wir in einem permanenten Lernprozess. Immer wieder integrieren wir Themen, die wir verstanden haben, und immer wieder zeigen sich noch unerledigte menschliche Erfahrungen. Wir kommen auf diese Erde, um zu transformieren. Wir sammeln viele Erfahrungen und werden von unserer Seelen-Energie geführt.

Wir sind alle Lernende und Lehrende. Dieses Wechselspiel ist eine Herausforderung des Gebens und des Nehmens, des Behaltens und des Loslassens. Diese Wandelbarkeit hilft und begleitet uns auf dem Weg des Lichtes, der Transformation, unserer Bewusstwerdung.

Danksagung

Wir, Marietta und Daniel, möchten unsere große Dankbarkeit gegenüber unseren unermüdlichen Unterstützerinnen und Begleiterinnen ausdrücken.

Ein gemeinsamer Weg der Auseinandersetzung, der Ausdauer, der Umsetzung und des Verstehens.

Wir danken von ganzem Herzen

Silvia Zurbriggen
Unermüdlich und akribisch hat sie sich mit den Texten auseinandergesetzt und die Inhalte mit ihrer Herzenssprache korrigiert.

Rahel Escher
Ihre Formulierungen halfen uns, im Komplexen einfach zu bleiben, klar zu differenzieren und neu zu formulieren.

Regine Müller
Mit ihrem umfassenden Blick hat sie dazu beigetragen, dass sich alles zu einem stimmigen Ganzen fügte.

Monica Gutzwiller
Sie sorgte mit ihren Kochkünsten für die Verpflegung, die uns erlaubte, im Fluss des Prozesses zu bleiben.

Die unermüdliche und geduldige Auseinandersetzung in dieser Reise verstanden wir alle immer auch in Bezug auf unseren eigenen spirituellen Prozess.

Wir danken der geistigen Welt aus tiefstem Herzen für ihre Weisheit, ihre unglaubliche Geduld und die wunderschöne lichtvolle Zusammenarbeit.

Unsere Seelen sind tief berührt von diesem universellen Geschenk unserer geistigen Führung.

Glossar

Akasha
Akasha steht für Himmel, Raum oder Äther. Es beinhaltet das gesamtmenschliche Wissen, außerhalb und innerhalb des Raumes.

Anima/Yin
Die grundlegende weibliche Energie im Menschen.

Animus/Yang
Die grundlegende männliche Energie im Menschen.
(Es handelt sich hierbei um zwei der wichtigsten Archetypen)

Außerkörperliche Chakren
Die außerhalb des physischen Körpers liegenden potenziellen Chakren, welche sich mit fortschreitender spiritueller Entwicklung entfalten.

Bindu
Der Bindu beinhaltet feinstoffliche Essenzen, wie Wissen, Fähigkeiten und Bewusstsein.
ER ist der Zusammenzug aller reinen Energien, die der Mensch je erlebt und gelebt hat.

Chakra
Chakra – wörtlich »Rad«, »Diskus«, »Kreis« – bezeichnet die subtilen Energiezentren zwischen dem physischen und dem feinstofflichen Körper des Menschen.

Demut
Der Mut, sich selbst und der geistigen Welt in Wertschätzung zu begegnen.

Edle Ritterin
Das innere Wissen der Gerechtigkeit gegenüber uns und anderen Menschen.

Elemente
Die Lehre der fünf Elemente und ihre Wandlungsphasen. Die Lehre ist eine taoistische Theorie zur Wesensbeschreibung von Mensch und Natur.

Glaubenssätze und Muster
Mehrere Muster und Glaubenssätze bilden ein inneres System unerledigter belastender Emotionen, welches unser Verhalten und unser Mensch-Sein bewusst oder unbewusst beeinflusst.

Glims
Die Energie einer vorübergehenden Erscheinung oder eine Lichterfahrung.

Hologramm
Dreidimensionale Erscheinung, körperlich, alltäglich, oft noch wenig Bewusstsein.

Homöostase
Das Gleichgewicht der physiologischen Körperfunktionen. Eher ein statischer Zustand von Gleichgewicht.

Hrit
Abwärtsbewegung zur Erde hin. Die Energie kommt aus dem linken Nebenchakra, dem Herz-Chakra.

Innere Meisterin
Das gespeicherte, tiefste Wissen unserer Seelen-Energie.

Kundalini-Prozesse
Die Energie der göttlichen Kraft im Menschen.

Kohärenz
Die positive Sicht auf Lebenssituationen und Herausforderungen. Kohärenz beschreibt eine flexible und wandelbare Energie.

Lebensbardo
Die ständige Auseinandersetzung mit unseren Mustern und Glaubenssätzen während dieses Lebens. In der Transformation des Lebensbardos geht es um die Vorbereitung unserer inneren Reinheit und Göttlichkeit.

Lebensbaum
Mythisches Symbol oder Bild meines Istzustandes in Form eines Baumes. Das Lebewesen Baum besteht aus den Wurzeln, dem Stamm und der Krone. Zudem stellt es die Verbindung zwischen der Erde und dem Himmel dar.

Manas
Aufwärtsbewegung der Energie, hin zu den Kronenblättern. Die Energie kommt aus dem rechten Nebenchakra, dem Herz-Chakra.

Magische Welt
Während der ersten fünf Lebensjahre sind wir in der magischen Welt. Das ist die Verbindung zu unserem Seelen-Wissen. Obwohl wir als Menschen unser Wissen vergessen haben, sind wir in diesem Lebensabschnitt dauernd mit dieser Weisheit verbunden.

Mitgefühl
Anteilnahme beim Mitmenschen, im Sinne von Mit-Fühlen, nicht Mit-Leiden. Verstehen wir den Unterschied, sind wir im Fühlen und Lieben.

Nadi
Damit werden unsere feinstofflichen Energiebahnen bezeichnet. Sie durchströmen und versorgen den Körper mit Lebensenergie.

Nieren-Jing
Wurzel der Lebensenergie, das Lebenswissen.

Pathologie
Krankhafte Vorgänge, Zustände von uns Lebewesen und deren Ursachen.

Reflexion
Überlegung, Betrachtung, Auseinandersetzung und Verstehen.
Die Reflexion geschieht über das scharfe, klare und analytische Denken.
Es ist die Verbindung zum Wissen in unserer Reinheit.

Samadhi
Versenkung, Sammlung, wörtlich »fixieren, festmachen, die Aufmerksamkeit auf etwas richten«. Es ist ein Bewusstseinszustand des Menschen, um in die Leere einzutreten. Es gibt verschiedene Stufen des Samadhi, je nach Bewusstseinszustand des Suchenden.

Seelen-Wissen
Das Erkennen der Lebensaufgabe in dieser Inkarnation. Sich mit dem Wissen um den höheren Zyklus hingeben.

Seelen-Energie
Das reine Wissen.

Spiritualität
Einsichten in Sicht- und Wertfragen des Daseins, die Erfahrung der Ganzheit und ihrer Verbundenheit mit der eigenen Existenz.

Todesbardo
Ein Zwischenzustand nach dem physischen Tod. Der Übergang und die letzte große Transformation. Es ist die Umwandlung in einen neuen Zustand des Mensch-Seins oder in eine geistige Form.
Es ist die Reflexion des gelebten Lebens. Diese Erkenntnisse nehmen wir nach dem physischen Tod ins Todesbardo mit, um den Weg der Transformation und der Entwicklung nach dem physischen Tod zu gestalten.

Transpersonal
Über die persönliche Ebene der Psyche hinausgehen, über weltliche Ereignisse hinausgehen.

Universum
Universum wird der Kosmos oder das Weltall genannt. Es ist die Gesamtheit von Raum, Zeit und aller Materie und Energie.

Vorstellung Autorin

Marietta Bittel geboren in Bellwald 6.12.1959

In einer Familie, mit vier Geschwistern, ist sie in einem Walliser Dorf aufgewachsen. Sie ist geprägt von einer archaischen Natur, ihrer Familie und bewegten Menschen.

Die Idee der Entwicklung und Bewusstwerdung der Seele begleitet und beeinflusst sie seit ihrer frühen Kindheit.

Während ihrer Berufstätigkeit als Pflegefachfrau, Handwerkerin, Künstlerin, Erwachsenenbildnerin und im kreativen Führen und Begleiten von Menschen entdeckte sie das Potenzial der inneren Welten.

Auf der Suche nach Vertiefung begegnete ihr der Schamanismus.

Das Entdecken dieses Wissens führte sie zu einer neuen Lebensidee. Ihre Selbstreflexion bewirkte grundlegende Veränderungen. Dieser Entwicklungsprozess leitete sie umgehend in einen Kundalini-Prozess hinein.

Die Kundalini-Energie erlaubte sich, in ihrer Weisheit Altes aufzubrechen und löste dadurch Turbulenzen und Erschütterungen aus.
Diese spirituellen Erlebnisse waren beängstigend, aufwühlend und zutiefst berührend. Sie befruchteten ihren Weg in einer neuen Form der Selbsterfahrung.

Seit 2006 arbeitet sie in ihrer eigenen schamanischen Praxis.

Vorstellung Autor

Daniel Frey, geboren in Bern am 18.02.1954.

Als Erstgeborener ist er in einer Familie mit drei Geschwistern aufgewachsen. Mit fünf Jahren wird er von seinem Vater als unerziehbarer Knabe frei gegeben. Seit diesem Tag ist er seinen Weg in der Familie alleine gegangen.

Die Schuljahre erlebte er als schwierige Zeit – unter anderem, weil er ein aufmüpfiges Kind war.

Er absolvierte eine Ausbildung zum Zahntechniker. Später arbeitete er als freischaffender Kunstmaler und Objektkünstler. 1996 machte er die Ausbildung zum Therapeuten und besuchte viele Weiterbildungen in TCM.

Seit 2000 begleitet er Menschen in seiner Praxis.

Daniel Frey ist fasziniert davon, das energetische System zu erkennen und verstehen und setzt sich intensiv mit den 5 Elementen und den Chakren auseinander. Sein besonders Interesse gilt den philosophischen und medizinischen Themen. Stetig vertieft und erweitert er daher sein universelles Verstehen.

Spirituelle Erfahrungen wie Körperaustritte, Aura sehen und Verbindungen zu seiner geistigen Führung erschließen ihm neue Dimensionen und Sichtweisen.

Schwierigste und leichtere Kundalini-Erfahrungen prägen und fördern sein Dasein. Die heilige Energie durchdringt und bewegt seinen Lebensalltag.

Die Begegnung

Mit der Begegnung der Meisterseelen von Marietta und Daniel begann die spirituelle Auseinandersetzung und die gemeinsame Entdeckungsreise.

Durch diese gemeinsame Arbeit ab 2005 kreierten sie diverse Seminare. Daraus entwickelte sich 2012 die Schule der Formlosigkeit.

Dieser gemeinsame Prozess galt vor allem der Arbeit mit der Kundalini-Energie, dem Schamanismus, schamanisch/spirituellen Ritualen, 5 Elementen-, Chakren-Lehre und der Aufstellungsarbeit DASyt in den 5 Elementen und Chakren.

Die Verbindung der 5 Elemente mit dem Schamanismus ergaben den grundlegenden Aufbau der philosophischen und spirituellen Idee der Schule der Formlosigkeit.

Durch die gemeinsame spirituelle Arbeit folgten sie einem spannenden Weg der Reflexion und der Transformation. Sie verarbeiteten ihre eigene Geschichte in einem kleinen Buch und in einem Kartenset. Erschienen ist »Die Weisheit der Transformation« 2020. Dieses Kartenset kann auf unserer Webseite www.formlosigkeit.ch bestellt werden.

Aus diesem Wissen, der Auseinandersetzungen und den vielfältigen Erfahrungen entstand 2022 das Buch »Die Welt der Kundalini-Energie«.

Ein weiteres Buch ist in Arbeit. Es beinhaltet die Schwerpunkte:

- Kommunikation der Kundalini-Energie, über die außerkörperlichen Chakren, mit unserer Seele
- Kommunikation und Transformationsarbeit zwischen der Zwillingsseele und der Meisterseele
- Aufstieg der Zwillingsseele und Verschmelzung zur Meisterseele

Das Buch wird voraussichtlich 2024 erscheinen